Les mots indispensables pour parler du RACISME

Par Alexandre Messager

SYROS

Avant-propos

« Je ne suis pas raciste, mais bon... »

Tout le monde a entendu cette phrase à un moment ou un autre, qui se termine généralement au mieux par un préjugé sur une personne ou un groupe minoritaire, au pire par des propos insultants contre un « étranger ». C'est une des manifestations de ce qu'on dénomme le racisme quotidien, ou encore le racisme banal, qui sévit chaque jour dans la rue, au supermarché, dans les transports publics... sans qu'on y fasse forcément attention. Or, le fait de s'habituer au racisme ne fait que le renforcer.

En 2010, selon une enquête réalisée par l'institut BVA, un Français sur deux estimait que « les étrangers savent mieux profiter du système de protection sociale que les autres ». Cette croyance non fondée démontre que les stéréotypes et les préjugés sont si ancrés dans la société qu'ils peuvent influencer tous les individus, même ceux qui ne se considèrent pas comme racistes. Ce qui signifie aussi que d'une manière ou d'une autre, personne n'échappe aux discriminations. À tel point qu'en mars 2012, un sondage CSA révélait que 87 % des Français estimaient que le racisme était très répandu en France.

Pourtant, on ne naît pas raciste et le racisme n'est pas universel. On apprend à l'être et on le devient. Il n'y a donc aucune fatalité dans le racisme. Ce n'est pas un sentiment spontané mais un sentiment que l'on acquiert au sein d'un groupe humain auquel on est censé appartenir. Car si le racisme est favorisé par des phénomènes sociaux tels que les crises économiques, il résulte aussi de facteurs psychologiques dont la fameuse « peur de l'Autre », de « l'Étranger » qui n'a pas la même couleur de peau, la même langue, la même façon de s'exprimer, de s'habiller... « Il » n'est pas et ne sera jamais des nôtres.

Mais alors, comment devient-on raciste ?

Le racisme d'aujourd'hui n'est pas celui d'hier, ce qui signifie que le racisme s'adapte à l'évolution des sociétés. En d'autres termes, il se métamorphose. Pour comprendre le racisme et l'expliquer, il faut donc savoir d'où il vient et comment il fonctionne. C'est l'objectif de ce livre qui, sous la forme d'un abécédaire en 60 mots de A à Z, décrypte tous les aspects du racisme, passés et présents. De « Abolition de l'esclavage » à « Zoos humains », en passant par « *Alien* », « Blagues », « Code noir », « Extrême droite », « Faciès », « Haine », « QI », « Sport », « Y'a bon Banania »..., cet ouvrage permet une réelle prise de conscience de l'ampleur du sujet et sa compréhension en profondeur. Conçu pour être un véritable remue-méninges, il propose un système de renvois pour chaque mot, ce qui permet de naviguer (ou pas !) d'une entrée à une autre. Il offre également pour chaque entrée une bibliographie et une filmographie, accompagnées d'une signalétique indiquant à chaque fois à quel public s'adressent les ouvrages et les films référencés : ■ à partir du collège ; ● à partir du lycée ; ▲ pour les adultes. Une description plus précise de ces livres et films est à votre disposition sur **www.syros.fr/blog**.

En bref, voici un ouvrage à mettre entre toutes les mains, un outil pédagogique intergénérationnel indispensable pour parler du racisme, et donc comprendre et combattre ce fléau.

Chaleureux remerciements à Philippe Godard,
à l'origine de ce projet éditorial.

Précisions typographiques : Blanc, Noir, Jaune, Juif, Métis... sont écrits avec une majuscule dans la mesure où ces termes désignent des êtres humains. Le mot « race » figure entre guillemets, ce terme étant considéré comme impropre pour désigner le genre humain dans son ensemble ou des groupes humains en particulier.

Abolition de l'esclavage

4 Le concept d'abolitionnisme, qui a consisté à interdire juridiquement l'esclavage, est apparu en Europe au XVIIIe siècle et s'est étendu à l'ensemble de l'humanité au début du XXe siècle. Aujourd'hui, l'esclavage est officiellement banni dans le monde entier.

→ **Renvois :** discrimination, esclavagisme, Lumières, Obama (Barack), ségrégation raciale.

→ **À lire :** ▲ *Abolir l'esclavage, une utopie coloniale : les ambiguïtés d'une politique humanitaire,* FRANÇOISE VERGÈS (Albin Michel, 2001) ■ *L'Abolition de l'esclavage,* Ligue des droits de l'homme (Ligue des droits de l'homme, 1998) ● *L'Homme prédateur : ce que nous enseigne l'esclavage sur notre temps,* FRANÇOISE VERGÈS (Albin Michel, 2011) ● www.assemblee-nationale.fr/histoire/esclavage/abolition.asp.

→ **À voir :** ■ *Victor Schœlcher, l'abolition de l'esclavage,* PAUL VECCHIALI (2008, DVD) ■ *Toussaint Louverture et l'abolition de l'esclavage, CRDP de Franche-Comté* (2009, DVD).

C'est à partir du milieu du XVIIIe siècle, alors que la traite transatlantique constituait une véritable industrie pour de nombreux pays européens, que les premiers courants abolitionnistes apparurent. Sous l'influence des philosophes des Lumières en Europe et aux États-Unis, les discussions et les écrits contre l'esclavage alimentèrent une véritable dynamique abolitionniste. En France, Montesquieu, Voltaire, Rousseau, Diderot, Raynal, Condorcet dénoncèrent l'esclavage sous l'angle moral, à travers le principe d'égalité des droits de la nature humaine, mais aussi en s'appuyant sur la religion chrétienne qui s'opposait officiellement à l'esclavage. Des économistes et une partie des milieux d'affaires français se prononcèrent également de plus en plus clairement contre l'esclavage pour des raisons économiques. Selon eux, les esclaves étaient moins productifs que les travailleurs libres, et le système esclavagiste était donc un frein au développement économique du pays.

Les premières sociétés antiesclavagistes naquirent dans ce contexte. Leur but consistait à dénoncer l'esclavage sur un plan moral et à diffuser des informations sur les conditions de vie des esclaves. En 1787, en Angleterre, les quakers, un mouvement religieux issu du christianisme, fondèrent la *Society for Effecting the Abolition of the Slave Trade* (« Société pour l'abolition de la traite ») qui revendiquait l'abolition de l'esclavage dans les colonies anglaises. Les quakers, qui avaient déjà été les premiers à remettre en cause l'esclavage aux États-Unis, allaient ainsi être à l'avant-garde du combat pour l'abolition de l'esclavage dans le monde occidental. En 1788, ils participèrent en France à la création de la Société des amis des Noirs, qui regroupait principalement des intellectuels et des hommes politiques et religieux, tels que le marquis de La Fayette et l'abbé Grégoire. Mais le combat contre l'esclavage ne se limita pas aux écrits et aux débats. À la suite de la Révolution française de 1789 et de la Déclaration des droits de l'homme, les premières révoltes d'esclaves dans les îles françaises des Caraïbes accélérèrent le processus abolitionniste. En 1791, sur l'île de Saint-Domingue (actuellement Haïti), des esclaves libres (affranchis par leurs maîtres) et des esclaves en fuite organisèrent un premier soulèvement collectif contre les colons. Puis, en 1793, Toussaint Louverture, un ancien esclave qui avait pris la tête de la rébellion, imposa l'abolition de l'esclavage. Face à ces événements, en métropole, la Convention (l'Assemblée constituante qui gouverna la France de 1792 à 1795) décréta l'abolition de l'esclavage le 4 février 1794 : « Réparons ce tort, citoyens, proclamons aujourd'hui la liberté des Nègres. »

Mais cette première abolition fut de courte durée. Si elle permit de calmer les révoltes d'esclaves et de ramener l'ordre dans les îles, dans les faits, elle ne fut pas véritablement appliquée. Et, en 1802, lorsque Napoléon Bonaparte s'empara du pouvoir en France, il rétablit la traite négrière et l'esclavage, conformément à la législation en vigueur avant 1789. Il fallut attendre la chute de l'Empire napoléonien et la tenue du congrès de Vienne en 1815 pour que l'abolitionnisme en France revienne réellement en première ligne. Lors de cette conférence où siégeaient tous les États européens, dont les pays vainqueurs de la guerre contre Napoléon Ier, l'abolition de la traite négrière fut adoptée. Ce qui signifiait la fin du commerce triangulaire des esclaves entre l'Europe, l'Afrique et les Caraïbes. Mais l'esclavage demeurait une pratique très répandue dans les îles françaises.

En France, de nombreux hommes politiques et intellectuels français, dont Tocqueville ou Lamartine, relancèrent les débats. En 1833, un journaliste, Victor Schœlcher, après un premier voyage dans les îles françaises, publia *De l'esclavage des Noirs et de la législation coloniale,* qui préconisait une abolition progressive de l'esclavage. En 1840, après un second voyage dans les Caraïbes, il changea pourtant d'avis et entreprit l'écriture de *Des colonies françaises. Abolition immédiate de l'esclavage.* À partir de 1841, il consacra toute son énergie à cette cause.

En 1848, après la chute de Louis-Philippe, la Seconde République fut proclamée. Dans le gouvernement provisoire, Schœlcher fut nommé sous-secrétaire d'État à la Marine. Il fit alors adopter un décret sur l'abolition de l'esclavage qui fut signé par Lamartine. Ce dernier, célèbre poète et romancier devenu chef du gouvernement, avait toujours soutenu Schœlcher dans son combat. Le 27 avril 1848, l'esclavage était enfin définitivement aboli en France.

À la fin du XIXe siècle, toutes les nations occidentales avaient aboli l'esclavage. Les autres pays suivirent leur exemple au cours du XXe siècle. La Mauritanie fut le dernier à le faire en 1981, même si l'on estime que des milliers de personnes y sont encore esclaves. ¶

Affirmative action

8 La loi peut imposer des mesures de discrimination positive (*affirmative action* aux États-Unis) afin de modifier ou de renverser une situation de discrimination « négative », en favorisant le groupe discriminé. Ce groupe peut être aussi étendu que l'ensemble des femmes ; la France pratique ainsi une forme de discrimination positive en imposant la parité femmes-hommes, par exemple, à l'Assemblée nationale.

→ **Renvois :** apartheid, King (Martin Luther), lois contre le racisme, ségrégation raciale, X (Malcolm).

→ **À lire :** ● *La Discrimination positive*, GWÉNAËLE CALVÈS (PUF, Que sais-je ?, 2010) ● *De la discrimination positive*, ÉRIC KESLASSY (Bréal, 2004) ▲ *Discrimination positive et justice sociale*, SIMON WUHL (PUF, 2007).

→ **À voir :** ● *American History X*, Tony Kaye (1998, DVD).

La discrimination positive est apparue pour la première fois dans les années 1960 aux États-Unis sous le nom de *affirmative action*, ce qui est une formulation non péjorative. Ce principe s'est imposé alors que, depuis des décennies, les Afro-Américains luttaient pour jouir des mêmes droits sociaux et politiques que les autres Américains. S'ils avaient obtenu quelques succès juridiques, comme l'abolition du principe *separate but equal* (« séparés mais égaux ») en 1954, leurs conditions de vie ne s'amélioraient pas réellement. La loi tardait à être appliquée, sans doute parce que le problème n'était pas que juridique : il s'agissait de combattre le racisme, très répandu dans la société américaine. L'idée d'une « discrimination positive » s'est alors développée, afin d'accélérer le mouvement vers l'égalité entre tous.

En France, le concept de discrimination positive vise à corriger certaines inégalités en favorisant des groupes de personnes, selon des critères ethniques, économiques, sociaux et de genre (de sexe), par exemple avec la parité hommes/femmes. Dans les faits, il s'applique surtout aux femmes et aux personnes en situation de handicap. À la différence des États-Unis, la discrimination positive n'est pas encadrée par la Constitution et les initiatives restent limitées en direction des groupes ethniques minoritaires. Il faut cependant souligner l'initiative de l'Institut d'études politiques de Paris (Sciences Po), qui a mis en place un programme de discrimination positive depuis 2001 : un nombre de places en admission est réservé à des lycéens venant de zones d'éducation prioritaires qui font face à des difficultés sociales. Cette initiative vise à permettre l'accès aux grandes écoles à tous, y compris aux plus défavorisés, que ce soit à cause de leur appartenance à une minorité ethnique ou à cause de leur environnement social. ¶

Alien

10 Dans le célèbre film de Ridley Scott, *Alien, le huitième passager*, l'*alien* est une créature extraterrestre qui tente de tuer les sept membres d'équipage d'un vaisseau spatial. L'*alien*, c'est le « corps étranger », une « créature étrange » qui vient d'ailleurs.

→ **Renvois :** antiracisme, discrimination, immigration, ségrégation raciale, xénophobie.

→ **À voir :** ■ *Alien, le huitième passager*, RIDLEY SCOTT (1979, DVD) ■ *E.T. l'extraterrestre*, STEVEN SPIELBERG (1982, DVD).

L'Autre, qui vient d'une contrée lointaine, d'un autre pays, et qui parfois n'a pas la même couleur de peau, ni la même culture, est bien souvent considéré comme un étranger, voire un *alien*. Si le terme anglais *alien* signifie « étranger, extraterrestre » et trouve son origine dans le latin *alienus*, « qui appartient à un autre, qui est étranger », on peut aisément le rapprocher du terme « étranger » en français, qui vient de l'adverbe latin *extra*, signifiant « en dehors ». C'est ainsi que, dans certains pays tels que les États-Unis, le Japon ou encore la Corée du Sud, les étrangers qui veulent devenir résidents permanents doivent établir auprès des autorités de ces pays une *Alien Registration Card*, une carte d'*alien*. En d'autres termes, ils sont des « extraterrestres, des personnes qui viennent du dehors ». Dans les pays européens, dont la France, des « cartes d'étranger », des documents de séjour et de circulation existent pour les étrangers non européens afin qu'ils puissent y séjourner en toute légalité. Dans tous les cas, et même si l'on peut comprendre la nécessité, pour des questions de politiques d'immigration, de mettre en place ces règles administratives, il n'en demeure pas moins que « celui qui vient d'ailleurs » est tout de suite stigmatisé « étranger ». Or, l'« étranger » est par définition « étrange »… donc potentiellement sujet à l'hostilité et au rejet. ¶

Anthropométrie

12 « En général, le cerveau humain est plus gros chez l'adulte que chez l'enfant, chez l'homme que chez la femme, chez les savants que chez les hommes médiocres, chez les races supérieures que chez les races inférieures ; la relation qui existe entre le développement de l'intelligence et le volume du cerveau est très étroite. » Faux !

→ **Renvois :** Darwin (Charles Robert), discrimination, génétique, Gobineau (Joseph Arthur de), préjugés.

→ **À voir :** ■ *Man To Man*, RÉGIS WARGNIER (2004, DVD) ▲ *Vénus noire*, ABDELLATIF KECHICHE (2010, DVD).

Cette phrase de Paul Broca (1824-1880), médecin et anthropologue français, est à remettre dans le contexte de l'époque, lorsque des scientifiques ont commencé à s'intéresser aux différences anatomiques entre les « races » et qu'ils ont développé l'anthropométrie, l'étude des dimensions du corps humain et de ses composants : stature, hauteur du buste, longueur de chaque membre, bassin, poitrine, tour du cou… Broca, un chercheur réputé pour ses travaux sur le système nerveux mais aussi sur le cancer ou l'anévrisme, a été un pionnier en matière d'anthropologie physique, science qui étudie la morphologie, les particularités physiques et biologiques. Il s'est également intéressé de très près à l'étude des mensurations des os du crâne. Ces derniers travaux ont été malheureusement repris et récupérés par des idéologues racistes qui en ont tiré des conclusions aberrantes, selon lesquelles le volume du cerveau était proportionnel à l'intelligence et les « races » africaines présentaient des crânes moins développés que ceux des autres « races ».

Sur un tout autre plan, l'anthropométrie a été adoptée en criminologie. Dénommée anthropométrie judiciaire, elle a été mise au point en 1879 par un Français, Alphonse Bertillon, et a été utilisée jusqu'en 1970. Elle consistait à prendre des mesures précises des parties du corps ainsi que des photographies de face et de profil des criminels dans le but de constituer un fichier qui permette de les identifier plus facilement en cas de récidive.

Aujourd'hui, l'anthropométrie est encore pratiquée, mais n'a plus aucun rapport avec le racisme. Elle est recommandée par l'OMS (Organisation mondiale de la santé) pour orienter les politiques de santé publique. En effet, les mesures anthropométriques sont le reflet de l'état nutritionnel et de santé, et peuvent être utilisées pour prévoir les aptitudes, l'état de santé et les chances de survie de chacun. ¶

Antiracisme

14 Évoquer l'antiracisme, c'est d'abord parler du racisme, car l'antiracisme s'est construit contre le racisme et par opposition à l'idéologie raciste.
En conséquence, pour pouvoir expliquer ce qu'est l'antiracisme, il est nécessaire de savoir ce qu'est le racisme, comme notion et comme théorie mais surtout comme réalité humaine et sociale.

→ **Renvois :** *affirmative action*, discrimination, préjugés, ségrégation raciale, xénophobie.

→ **À lire :** • *Éloge de la différence : la génétique et les hommes*, ALBERT JACQUARD (Seuil, 1981) • *Le Racisme*, ALBERT MEMMI (1982 ; Folio, 1994).
• www.ldh-france.org • www.sos-racisme.org • www.licra.org • www.mrap.fr.

On peut estimer que le racisme, s'il a toujours existé, a été conceptualisé à partir du XVIe siècle, dans le contexte des grandes découvertes, et notamment la découverte du Nouveau Monde. La catégorisation des « races » humaines s'est ainsi développée avec l'expansion de la domination européenne, la traite négrière et la colonisation. Puis elle a été théorisée au cours du XIXe siècle (Gobineau, Galton, Vacher de Lapouge...). Au XXe siècle, le régime nazi l'a mise en application sur un plan idéologique et politique : supériorité de la « race » aryenne sur toutes les autres « races » et antisémitisme racial qui conduisit au génocide juif. L'Afrique du Sud, avec le régime de l'apartheid, de 1948 à 1991, a également poussé le racisme à son paroxysme et a été mise au ban des nations pendant de longues années pour cette raison. Si aujourd'hui, il n'existe plus de politique raciste, le racisme n'a pas pour autant disparu.

Selon Albert Memmi, écrivain franco-tunisien, auteur du livre *Le Racisme* (1994) : « C'est le racisme qui est naturel et l'antiracisme qui ne l'est pas : ce dernier ne peut être qu'une conquête, fruit d'une lutte longue et difficile et toujours menacée, comme l'est tout acquis culturel. » La racine du racisme serait donc une sorte d'instinct primitif de l'être humain qui défend à la fois son intégrité et son territoire, et vise à dominer, tandis que l'antiracisme serait culturel. S'il ne naît pas raciste, l'humain serait d'après lui, par nature, animé de sentiments très répandus que sont la peur et le rejet de l'Autre, de celui qui est différent et est perçu comme une menace. Cet Autre est alors redouté comme un concurrent ou méprisé et considéré comme indigne. Le champ des manifestations du racisme est vaste. Il va de l'instinctive méfiance, de l'agacement pour des comportements qui gênent ou qu'on ne comprend pas jusqu'aux actes et discours hostiles ainsi qu'aux prises de positions politiques.

Dans les sociétés occidentales, sociétés multiculturelles à l'image de la France, des lois, répondant à des directives internationales, punissent et sanctionnent l'incitation à la haine raciale et à la discrimination (y compris dans des entreprises, en cas de discrimination à l'embauche). Ces lois permettent d'affirmer que le racisme n'est pas une opinion mais un délit. Elles ont donc une grande portée symbolique et morale, car elles bannissent officiellement le racisme de sociétés fondées sur les droits de l'homme et la démocratie.

Mais la lutte contre le racisme couvre un champ beaucoup plus large que ce qui peut être pris en charge par la loi. Dans ce cadre, l'antiracisme et plus particulièrement les mouvements antiracistes jouent un rôle fondamental, notamment en prônant une société égalitaire où personne ne souffrirait de discrimination pour des raisons raciales.

Cependant, l'antiracisme ne représente pas un courant unifié et l'on a coutume de dire qu'il existe autant d'antiracismes que de types de racisme. On peut malgré tout distinguer deux grandes conceptions de l'antiracisme, différentes l'une de l'autre : une approche « classique », portée par un courant humaniste qui dépasse l'obstacle des différences en reconnaissant l'Autre comme son « semblable » ; une approche défendue par les communautés immigrées, minoritaires et souvent encore discriminées, qui défendent simultanément leurs droits et leurs différences. Ces deux approches s'opposent parfois, la première au nom d'un universalisme républicain (tous égaux, donc sans différences), la seconde au nom du multiculturalisme (toutes les cultures et donc toutes les différences doivent pouvoir s'exprimer et se revendiquer).

En France, de nombreuses organisations antiracistes existent. Parmi les plus anciennes et les plus actives, il y a la Ligue des droits de l'homme (créée en 1898 dans le cadre de l'affaire Dreyfus[1]), la Ligue internationale contre le racisme et l'antisémitisme (LICRA, fondée en 1927), le Mouvement contre le racisme et pour l'amitié entre les peuples (MRAP, fondé en 1949 et proche du Parti communiste français) et SOS Racisme (association créée en 1984, très proche du Parti socialiste français). Ces associations ont en commun de militer contre le racisme, l'antisémitisme, la xénophobie et toutes formes de discrimination. Elles ont toutes été créées dans un contexte précis et elles se sont adaptées à l'évolution et aux différentes formes du racisme. De façon générale, les associations antiracistes permettent de sensibiliser largement l'opinion publique au problème du racisme et de pallier les insuffisances des pouvoirs publics dans ce domaine. ¶

1. Alfred Dreyfus, officier français de confession juive, fut condamné en 1894 à la déportation à vie pour trahison, après avoir été accusé d'avoir livré des secrets militaires aux Allemands. Sur fond d'antisémitisme, cette affaire divisa la France en deux camps : d'un côté, les « dreyfusards » (dont Émile Zola, qui publia « J'accuse »), partisans de son innocence ; de l'autre, les « antidreyfusards », partisans de sa culpabilité. En 1906, Alfred Dreyfus fut innocenté et réhabilité.

« Notre couleur de peau ne doit plus déterminer notre avenir. »
Campagne de communication 2010 de la Licra
(Ligue Internationale Contre le Racisme et l'Antisémitisme),
réalisée par l'agence Publicis Conseil.
Photo : Yann Robert. Direction artistique : Pascale Gayraud.
Direction créative : Olivier Altmann. © Licra

NOTRE
COULEUR
DE PEAU
NE DOIT PLUS
DÉTERMINER
NOTRE AVENIR
LICRA

NOTRE
COULEUR
DE PEAU
NE DOIT PLUS
DÉTERMINER
NOTRE AVENIR
LICRA

Antisémitisme

20 Bien que le terme « sémite » désigne l'ensemble des peuples du Proche-Orient parlant ou ayant parlé une langue sémitique (Arabes, Hébreux notamment), l'antisémitisme est une forme de discrimination touchant uniquement les personnes appartenant ou supposées appartenir à la communauté juive.

→ **Renvois :** antiracisme, discrimination, insultes, *Mein Kampf*, préjugés, Solution finale, xénophobie.

→ **À lire :** ▲ *Sur l'antisémitisme : les origines du totalitarisme*, HANNAH ARENDT (Seuil, 2005) ▲ *Réflexions sur la question juive*, JEAN-PAUL SARTRE (1946 ; Gallimard, 1985) ▲ *La déraison antisémite et son langage*, JEAN-PIERRE FAYE ET ANNE-MARIE DE VILAINE (Actes Sud, 1993) ■ *Le Journal d'Anne Frank*, ANNE FRANK (1947 ; Le livre de poche, 1977).

→ **À voir :** ● *Shoah*, CLAUDE LANZMANN (1985, DVD) ● *Nuit et brouillard*, ALAIN RESNAIS (1955, DVD).

L'antisémitisme est une forme de racisme uniquement à l'encontre des Juifs, soit en tant que groupe humain distinct (par leur nom de famille, leur apparence physique, leur métier...), soit en raison de leur appartenance à la religion juive. Il se traduit par des préjugés, des rumeurs malveillantes, des attitudes haineuses, des agressions verbales et/ou physiques... Il est difficile de savoir à quand remonte l'antisémitisme. Il apparaît toutefois que le peuple juif a été depuis très longtemps l'objet d'oppression, en raison de son caractère nomade, de son indépendance et de sa foi religieuse. Certains historiens estiment que les Juifs ont été stigmatisés dès l'époque gréco-romaine, tandis que d'autres pensent que l'antisémitisme a réellement pris racine sous l'impulsion des autorités chrétiennes au IVe siècle après J.-C., à la suite de violentes tensions entre le judaïsme (la religion juive) et le christianisme.

Au cours de l'histoire, l'antisémitisme s'est traduit de différentes manières, et ce dans plusieurs pays européens: expulsion des Juifs d'Angleterre en 1290 et d'Espagne en 1492, massacres des populations juives en Russie aux XVIIe et XIXe siècles (pogroms), affaire Dreyfus en France en 1895 et rafle du Vel' d'Hiv[1] en 1942. Mais l'antisémitisme est aussi devenu une doctrine politique, comme ce fut le cas pendant la Seconde Guerre mondiale avec les lois du gouvernement de Vichy en 1940 sur le statut particulier des Juifs. Revendiqué comme l'un des fondements du régime nazi, l'antisémitisme a conduit à l'extermination physique programmée de millions de Juifs.

Aujourd'hui, l'antisémitisme est condamné par la loi, au même titre que le racisme, dans tous les pays dits démocratiques. Pour autant, l'antisémitisme s'exprime régulièrement à travers des profanations de cimetières ou de synagogues, des agressions, des injures ou des propos insultants. ¶

1. En juillet 1942, le régime nazi organise une rafle à grande échelle de Juifs dans plusieurs pays d'Europe. En France, la police, sous le contrôle du régime de Vichy, arrête plus de 13 000 Juifs, dont des milliers d'enfants, à Paris et dans la région parisienne, les 16 et 17 juillet 1942. Ils seront détenus au Vélodrome d'Hiver et au camp de Drancy avant d'être déportés à Auschwitz.

Apartheid

22 En afrikaans, la langue parlée en Afrique du Sud (issue du néerlandais), le terme *apartheid* signifie « séparation ». L'apartheid fut une politique instituée en Afrique du Sud de 1948 à 1991 par la minorité blanche afrikaner qui détenait le pouvoir.

→ **Renvois :** discrimination, ghetto, Mandela (Nelson), ségrégation raciale.

→ **À lire :** • *Une saison blanche et sèche*, ANDRÉ BRINK (1979 ; Le livre de poche, 1982) • *Un long chemin vers la liberté*, NELSON MANDELA (Le livre de poche, 1996).

→ **À voir :** ■ *Cry Freedom*, RICHARD ATTENBOROUGH (1987, DVD) ■ *Une saison blanche et sèche*, EUZHAN PALCY (1989, DVD) ■ *Au nom de la liberté*, PHILLIP NOYCE (2006, DVD) ■ *Un monde à part*, CHRIS MENGES (1988, DVD).

La politique d'apartheid se fondait sur la ségrégation raciale et la hiérarchisation des quatre groupes de population composant l'Afrique du Sud. Au sommet de l'édifice, les Blancs, majoritairement les Afrikaners (colons néerlandais, ainsi que des Français et des Allemands) et les anglophones, jouissaient de tous les droits civiques et exerçaient le pouvoir politique. Les Indiens, issus de l'immigration du XIXe siècle venue travailler dans les plantations de canne à sucre, et les Métis (de pères afrikaners et de mères africaines) se trouvaient rejetés vers le bas de la pyramide sociale, juste au-dessus des Noirs, ces derniers représentant pourtant les deux tiers de la population sud-africaine.

Pendant plus de quarante années, la politique d'apartheid se traduisit de deux façons. Le « petit apartheid » correspondait à la ségrégation raciale limitant les rapports quotidiens entre les Blancs et les non-Blancs ; le « grand apartheid » signifiait le déplacement et le regroupement des populations noires dans des foyers sur l'ensemble du territoire sud-africain, les « bantoustans ».

De 1948 à 1991, la politique d'apartheid s'appuya sur de nombreuses lois ségrégationnistes : interdiction des mariages mixtes ; loi d'immoralité pénalisant les relations sexuelles entre Blanc et non-Blanc ; classification de la population selon les « races » ; loi d'habitation séparée, répartissant racialement les zones urbaines ; obligation pour les Noirs d'un « passeport intérieur »...

En 1964, le Conseil de sécurité des Nations unies condamna l'apartheid et, en 1971, l'Assemblée générale des Nations unies définit le « crime d'apartheid » afin de condamner les politiques institutionnalisées de ségrégation et de séparation ethniques ou raciales au sein d'un même État. Le « crime d'apartheid » est considéré comme un acte inhumain, analogue à d'autres crimes contre l'humanité. ¶

Blagues

24 Selon de nombreux historiens, les blagues font partie intégrante de la culture humaine. À l'époque de l'Égypte antique, celles qui circulaient au sujet des pharaons étaient très populaires. Dans le registre des blagues, on trouve de tout, notamment des blagues caricaturant certains groupes humains : les Belges, les Juifs, les Arabes… Parfois et selon les contextes, les blagues peuvent être racistes.

→ **Renvois :** antisémitisme, discrimination, minorités visibles, tolérance.

→ **À lire :** • *Les étrangers sont nuls*, Pierre Desproges (Seuil, 1998)
• *Dieu comprend les histoires drôles, l'humour perdu des juifs*, Victor Malka (Points Seuil, 2008).

→ **À voir :** ■ *Les Aventures de Rabbi Jacob*, Gérard Oury (1973, DVD)
■ *Rien à déclarer*, Dany Boon (2010, DVD).

Selon Rabelais, « le rire est le propre de l'homme ». Et si le rire est le propre de l'homme, c'est parce que l'homme rit de ce qui lui est propre. Il n'y a ainsi rien de drôle et de comique en dehors de ce qui est proprement humain. Mais parfois, lorsque les blagues tournent trop en dérision certains humains et/ou groupes humains, l'humour peut prendre des accents racistes. En fait, ce qui pouvait être considéré comme drôle hier ne l'est plus forcément aujourd'hui. Mais ce n'est pas parce qu'on riait plus avant, c'est simplement qu'il a fallu du temps pour que les consciences évoluent et que les groupes minoritaires réussissent à faire valoir leurs droits. D'autant plus que les sociétés occidentales sont devenues multiculturelles. Les groupes humains caricaturés à travers des blagues peuvent ainsi se sentir discriminés par rapport aux autres groupes ou au groupe humain majoritaire. Leur image est dévalorisée ou moquée, ce qui peut renforcer des *a priori* à leur encontre, voire des préjugés qui favorisent la discrimination. L'humour évolue avec la société.

Le durcissement de la législation contre le racisme et l'antisémitisme a donc eu des conséquences sur l'humour. Le « politiquement correct » est devenu la référence, et les blagues sur les « groupes minoritaires » sont vues le plus souvent d'un mauvais œil. Il s'agit maintenant de faire rire sans faire de « victimes ».

En France, le débat sur la question « Peut-on rire de tout ? » reste cependant omniprésent, car il touche l'un des fondements de la démocratie française, à savoir la liberté d'expression. Dans les années 1980, Pierre Desproges, humoriste qui excellait dans l'humour noir et l'absurde, disait : « On peut rire de tout mais pas avec n'importe qui. » Et il ajoutait : « Mieux vaut rire d'Auschwitz avec un Juif que de jouer au Scrabble avec Klaus Barbie. » En d'autres termes, tout est question de circonstances et d'intention. ¶

Christianisme

26 Les grandes religions monothéistes, particulièrement le christianisme et l'islam, ont une prétention universelle et, dans les textes, elles ont toujours cherché à s'adresser à l'ensemble de l'humanité. Pourtant, elles ont développé leur identité au détriment de certains groupes humains et ont reproduit, voire parfois exacerbé des inégalités.

→ **Renvois :** antisémitisme, discrimination, esclavagisme, islamophobie, Lumières, ségrégation raciale, Valladolid (controverse de), xénophobie.

→ **À lire :** ● *La Controverse de Valladolid*, JEAN-CLAUDE CARRIÈRE (1992 ; Pocket, 2012).

→ **À voir :** ▲ *Aguirre, la colère de Dieu*, WERNER HERZOG (1972, DVD)
● *La Otra Conquista*, SALVADOR CARRASCO (1999, DVD)
■ *La Controverse de Valladolid*, JEAN-DANIEL VERHAEGHE (1992, DVD).

Selon la Bible hébraïque, dans le livre de la Genèse, après le Déluge, l'humanité se recompose à partir de Noé, le patriarche, et toute la population du monde descendrait alors de ses trois fils : Cham, Sem et Japhet. Cham serait le père des peuples d'Afrique, Sem celui des peuples sémites et Japhet le père des peuples d'Eurasie. Cette Table des peuples fut très longtemps reconnue par de nombreux historiens et chercheurs, et elle est toujours considérée comme juste par certains religieux, aussi bien chrétiens que juifs. Ce qui signifie que tous les groupes humains sont apparentés, mais avec des généalogies différentes. La Table des peuples nous enseigne donc que l'espèce humaine est monogéniste ou monocentriste, c'est-à-dire que tous les groupes humains dérivent d'un seul type d'humain, d'une seule population. Dans ce sens, la Bible pose clairement la question de l'égalité des hommes.

Cependant, l'épisode de la Malédiction qui suit celui du Déluge va compromettre cette égalité. En effet, toujours selon la Genèse, après que Noé et ses trois fils sortirent de l'arche sur l'ordre de Dieu, Noé commença à cultiver la terre et à planter de la vigne. Il but du vin, s'enivra et se découvrit sous sa tente. Cham, l'un des fils de Noé et lui-même père de Canaan, vit son père nu. Il en parla à ses deux frères, Sem et Japhet, qui entrèrent dans la tente à reculons et couvrirent le corps de leur père en prenant garde de ne pas le regarder. Lorsque Noé se réveilla, il apprit ce qui s'était passé et il dit : « Maudit soit Canaan ! Qu'il soit l'esclave des esclaves de ses frères ! » Il dit encore : « Béni soit l'Éternel, Dieu de Sem, et que Canaan soit leur esclave ! Que Dieu étende les possessions de Japhet, qu'il habite dans les tentes de Sem, et que Canaan soit leur esclave ! » Même si tous les textes sacrés peuvent présenter des interprétations diverses, cet épisode de la Genèse eut des répercussions historiques majeures. Certaines autorités religieuses, juives, chrétiennes et musulmanes, l'interprétèrent comme un signe de l'asservissement des populations d'Afrique noire et une caution à l'esclavage, et ce pendant des siècles.

De façon générale, la Bible (Ancien et Nouveau Testament) et le Coran n'évoquent aucune distinction entre les peuples de la Terre. Mais la « Malédiction de Cham », sorte de malédiction divine, est un épisode crucial qui influença l'idée d'une hiérarchie des groupes humains et donna une forme de « quitus », de caution, aux esclavagistes des traites négrières, orientale et occidentale, même si l'Église catholique, dès le Moyen Âge, condamna officiellement cette pratique.

En revanche, c'est sous l'impulsion des autorités chrétiennes, qui voulaient se démarquer du judaïsme pour faire émerger le christianisme, que l'antisémitisme a réellement pris racine dans le monde au IVe siècle après J.-C. De même, à partir du XIe siècle, l'identité chrétienne s'est développée sous la forme de croisades contre les musulmans et de persécutions contre les Juifs. Ainsi, pendant trois siècles, une véritable guerre sainte, au nom du Christ, fut menée contre les musulmans et les Juifs. Et si les croisades chrétiennes furent menées au nom de la religion, à travers l'antijudaïsme, elles développèrent de fait l'antisémitisme et entraînèrent une rupture de longue durée avec le monde musulman, ce qui favorisa un amalgame entre l'islam et les populations arabes.

Ce fut aussi le cas plus tard avec les missions catholiques mais aussi protestantes qui commencèrent à diffuser la foi chrétienne à travers le monde, avec les premières grandes découvertes des Espagnols, des Portugais aux XVIe et XVIIe siècles (Amérique, Brésil, Inde, Asie du Sud-Est), suivis par les Français, Anglais et Hollandais. Dans ce cadre, si de nombreux missionnaires, ecclésiastiques ou théologiens se déclarèrent opposés à l'esclavage, d'autres profitèrent de la pacification armée pour mieux diffuser la foi chrétienne auprès de peuples trop souvent considérés au mieux comme « arriérés », au pire comme « sauvages ». D'une certaine façon, le christianisme se retrouva aussi bien dans la contestation de l'esclavage que dans sa justification. On assista au même phénomène au XIXe siècle, lors de l'expansion européenne et de la phase de colonisation qui bénéficia à un nouvel « élan missionnaire ». Dans ce dernier cas, les intérêts idéologiques des missions et les intérêts économiques et politiques des colonisateurs ne coïncidaient pas forcément, et s'opposaient parfois. Il n'empêche que la colonisation européenne fut une lutte idéologique, fondée sur une prétendue supériorité de la « race » blanche, et les missionnaires, qu'ils soient catholiques ou protestants, en profitèrent pour mieux diffuser leur croyance. En ce sens, l'expansion et la diffusion du christianisme furent génératrices de racisme et de discrimination. ¶

Colonisation / décolonisation

30 La colonisation est le processus par lequel les nations européennes ont conquis et administré des territoires dont les populations étaient considérées comme inférieures ou retardées sur le plan de leur évolution historique. La colonisation n'est pas seulement une conquête militaire : elle marque la domination d'un peuple par un autre, d'une « race » par une autre.

→ **Renvois :** conquête de l'Ouest, discrimination, sauvagerie, Y'a bon Banania.

→ **À lire :** ● *Discours sur le colonialisme*, AIMÉ CÉSAIRE (1950 ; Présence Africaine, 1994) ▲ *Peau noire, masques blancs*, FRANTZ FANON (Seuil, 1971) ▲ *Les Damnés de la terre*, FRANTZ FANON (1961 ; La Découverte, 2002) ▲ *Les Civilisés*, CLAUDE FARRÈRE (prix Goncourt 1905, Kailash, 1997).

→ **À voir :** ▲ *Aguirre, la colère de Dieu*, WERNER HERZOG (1972, DVD) ● *Les Caprices d'un fleuve*, BERNARD GIRAUDEAU (1996, DVD) ● *Coup de torchon*, BERTRAND TAVERNIER (1981, DVD) ● *L'Ennemi intime*, FLORENT EMILIO SIRI (2007, DVD).

Dans l'Antiquité déjà, les Phéniciens, peuple de commerçants et grands navigateurs, fondèrent des colonies dans un but économique. Puis les Romains, qui domineront le monde antique pendant cinq siècles (de 27 av. J.-C. à 476 ap. J.-C.), conquirent et colonisèrent de très vastes territoires, de la Mésopotamie jusqu'à l'Angleterre. L'Empire romain, qui demeure l'une des plus grandes entités politiques de l'histoire humaine, exerça une véritable hégémonie (domination) économique, culturelle, linguistique et religieuse sur de nombreux peuples. Au XVIe siècle, l'Espagne et le Portugal colonisèrent l'Amérique latine, avec la volonté d'éradiquer les cultures indigènes, considérées comme hostiles à la « loi divine », au christianisme. Puis, au XIXe siècle, la colonisation joua un rôle politique essentiel, avec la constitution des empires coloniaux français, britannique, portugais, hollandais, belge, allemand et italien. La France occupa une large part de l'Afrique (du Sénégal au Soudan, de l'Algérie au Gabon, sans oublier Madagascar) et de l'Indochine (en Asie).

Les pays colonisateurs cherchaient à se fournir en matières premières ; ainsi, la France spécialisa certaines de ses colonies dans diverses productions agricoles, comme l'arachide au Sénégal, le cacao et le café en Côte d'Ivoire. Les indigènes furent requis par le biais du travail forcé pour la construction de routes ou de voies de chemin de fer (le travail forcé ne fut aboli dans les colonies françaises qu'en 1946). Les colons développèrent des systèmes de santé plus ou moins efficaces, qui aboutirent à une diminution importante de la mortalité infantile ; des écoles furent créées et permirent l'alphabétisation d'une partie des populations indigènes. En échange de cette « mise en valeur » de leur territoire, les populations locales devaient acquitter un impôt, que les Français faisaient percevoir par le chef de village. Pour autant, les colonisés n'avaient aucun droit politique.

Les pays colonisateurs poursuivaient également des buts militaires géostratégiques. C'est ainsi que les îles disséminées dans les divers océans devinrent des bases militaires et commerciales essentielles pour les empires coloniaux. Des soldats coloniaux furent recrutés par la France et la Grande-Bretagne, et jouèrent un rôle important dans les deux guerres mondiales.

La colonisation fut surtout une lutte idéologique, car les entreprises coloniales se sont toujours fondées sur une prétendue supériorité de la « race » blanche. Les conséquences de cette vision raciste furent néfastes pour tous, colonisés comme colonisateurs. D'abord, elle inscrivit dans les faits la domination absolue d'un peuple sur d'autres dans tous les domaines, alors que cette domination n'était à l'origine que militaire. Ensuite, la colonisation finit par aboutir à l'inverse d'un progrès de civilisation, en propageant la barbarie chez les « civilisés », comme le montre Aimé Césaire dans son *Discours sur le colonialisme :* « La colonisation travaille à déciviliser le colonisateur, à l'abrutir au sens propre du mot, à le dégrader, à le réveiller aux instincts enfouis, à la convoitise, à la violence, à la haine raciale. [...] La colonisation déshumanise l'homme même le plus civilisé ; [...] la conquête coloniale, fondée sur le mépris de l'homme indigène et justifiée par ce mépris, tend inévitablement à modifier celui qui l'entreprend ; [...] le colonisateur qui, pour se donner bonne conscience, s'habitue à voir dans l'autre la bête s'entraîne à le traiter en bête, tend objectivement à se transformer lui-même en bête. »

La décolonisation n'a pas replacé les anciennes colonies dans la situation qu'elles connaissaient avant l'entreprise coloniale ; elle a abouti aux indépendances de la plupart de ces pays. Les peuples libérés ne sont pas tous pour autant sortis de la domination, et une forme de « néocolonialisme » s'est installée. C'est ainsi que les pays colonisateurs ont gardé des liens très étroits avec leurs anciennes colonies devenues souveraines et ont élaboré de nouvelles formes d'oppression, notamment sur le plan financier. Par le biais des grandes instances financières internationales telles que le Fonds monétaire international (FMI) ou la Banque mondiale, contrôlées par l'Occident, les anciennes puissances coloniales ont la possibilité d'octroyer ou de refuser des crédits et peuvent ainsi maintenir une présence dans les économies de ces pays, plus particulièrement dans le domaine des matières premières. Cela explique que de nombreuses entreprises étrangères exploitent les gisements de minerais et de pétrole en Afrique.

Par ailleurs, la hiérarchie entre les pays s'est maintenue, comme le montrent des expressions comme « tiers-monde » (par référence au tiers état de l'époque de la Révolution française, ordre inférieur à la noblesse et au clergé), « pays sous-développés » (avec l'idée d'un retard à rattraper) ou « en voie de développement »... Les idées racistes continuent de véhiculer une image de peuples attardés sur la voie du progrès, ou encore de culture inférieure. ¶

Conquête de l'Ouest

34 La « conquête de l'Ouest », menée par les colons d'Amérique du Nord au XIXe siècle, aboutit à l'enfermement, dans des réserves, des peuples qui vivaient là depuis des millénaires et à la destruction de leurs cultures. Les massacres des « Peaux-Rouges » furent justifiés par des préjugés racistes, cherchant à prouver la supériorité des Américains-Européens sur les indigènes.

→ **Renvois :** colonisation / décolonisation, Davis (Angela), sauvagerie.

→ **À lire :** • *De mémoire indienne*, TAHCA USHTE, RICHARD ERDOES (1972 ; Pocket, 1989) • *Pieds nus sur la terre sacrée*, T.C. MCLUHAN, EDWARD S. CURTIS (Denoël, 2001) • *Enterre mon cœur à Wounded Knee*, DEE BROWN (1971 ; 10/18, 1994) ▪ *Cinq Discours pour désobéir* (avec un discours de Chef Joseph, Syros, 2012).

→ **À voir :** ▪ *Little Big Man*, ARTHUR PENN (1970, DVD) ▪ *Cœur de tonnerre*, MICHAEL APTED (1991, DVD) ▪ *Smoke Signals*, CHRIS EYRE (1998, DVD) • *Le Nouveau Monde*, TERRENCE MALICK (2006, DVD) ▪ *La Prisonnière du désert*, JOHN FORD (1956, DVD).

Lors de la colonisation de l'Amérique du Nord, les colons européens débarquaient à New York et l'est du continent se peuplait de plus en plus densément. Au début du XIXe siècle, le gouvernement des États-Unis lança la colonisation de l'Ouest américain. Des expéditions militaires et scientifiques furent d'abord envoyées pour découvrir ces immenses territoires. Pour le gouvernement, la colonisation de l'Ouest américain devait permettre l'installation de millions de nouveaux migrants. Elle signifiait l'espérance d'une vie meilleure pour les colons, avec la possibilité de cultiver de nouvelles terres, et permettait de répandre la démocratie et la civilisation sur l'ensemble du territoire nord-américain. Le Grand Ouest devint ainsi la « terre promise », et les colons considérèrent cette expansion comme une « destinée manifeste ». Elle se fit au mépris de toute considération pour les Amérindiens qui furent assimilés à des sauvages à la « peau rouge ». Cependant, ces derniers ne se laissèrent pas déposséder de leurs terres ancestrales sans lutter. Leur résistance tenta d'empêcher l'avancée des colons et de préserver les territoires les plus sacrés de leurs peuples.

Dans l'esprit des Américains-Européens, la conquête de l'Ouest ne devait laisser subsister aucune autre civilisation que la leur. Les militaires, les politiques et les colons utilisèrent tous les moyens pour « pacifier » les Amérindiens. Ils promirent d'abord de leur concéder une immense étendue, l'*Indian Territory*, mais ce territoire fut amputé au fur et à mesure de la création de nouveaux États, jusqu'à disparaître. Le gouvernement de Washington cherchait dans le même temps à contraindre les Amérindiens à accepter l'idée de ne conserver que des « réserves » ; ces prisons en plein air étaient administrées par le Bureau des affaires indiennes (BIA), créé en 1824. Il dépendait du ministère de la Guerre et était un outil dans la politique d'extermination des « Peaux-Rouges » : les Amérindiens qui acceptaient ou se retrouvaient contraints de s'enfermer dans les réserves dépendaient entièrement du BIA pour leur vie quotidienne. Sur le plan de la loi, ils étaient considérés comme des êtres immatures et des « mineurs ». Les agents qui dirigeaient les réserves abusaient de leur pouvoir en leur infligeant des brimades humiliantes, tandis que le BIA, en introduisant massivement de l'alcool, les affaiblissait et leur faisait perdre toute envie de se rebeller.

Les Amérindiens se révoltèrent à de nombreuses reprises. Ils tentèrent aussi de convaincre, par la parole, les envahisseurs de les laisser vivre selon leurs souhaits. De nombreux chefs amérindiens, comme Tecumseh, Tatanka Yotanka (Sitting Bull) ou Hin-mah-too-yah-lat-kekth (Chef Joseph), parmi beaucoup d'autres, cherchèrent à montrer que leur mode de vie n'était en rien inférieur à celui des colons et qu'il s'accordait beaucoup mieux avec la nature.

Cependant, leur art de la persuasion ne pouvait rien face à la propagande « blanche », diffusée à travers les articles des journaux de l'époque. Ainsi, une bataille comme celle de Little Big Horn en 1876, au cours de laquelle furent tués le général Custer et une grande partie de ses troupes, permit à la presse de présenter les Indiens comme des barbares dépourvus de pitié. Au XXe siècle, les films hollywoodiens continuèrent à montrer les Amérindiens comme des brutes et des imbéciles ; certains réalisateurs inversèrent cette vision, notamment Arthur Penn, auteur, en 1970, du fameux *Little Big Man*.

En 1973, lors de l'occupation, par les Amérindiens, du site de Wounded Knee – où furent massacrés plus de 300 « Peaux-Rouges » par l'armée américaine en 1890 –, la militante antiraciste Angela Davis vint soutenir leur mouvement, montrant ainsi la communauté de vues et de destin entre les Afro-Américains et les *Native Americans.* ¶

Dennis Banks et Russel Means, leaders de l'American Indian Movement (AIM), lors d'une conférence de presse le 16 mars 1973 à Wounded Knee, Custer, Dakota du Sud, pour protester contre la politique du gouvernement fédéral appliquée au sein de la réserve. L'AIM est un groupe de droits civils des Indiens des États-Unis qui fut créé en 1968. © Getty Images

Couleur

38 L'homme a toujours tenté d'ordonner la nature en établissant des catégories et des groupes. Pour les êtres humains, il a commencé à le faire à partir des différences anatomiques, dont la couleur de la peau : blanche, noire, jaune, rouge, mate, cuivrée... Au XVIIIe siècle, des scientifiques eurent l'idée d'établir une hiérarchie des groupes humains selon leur couleur.

→ **Renvois :** antiracisme, discrimination, ségrégation raciale.

→ **À lire :** • *Dans la peau d'un Noir*, JOHN HOWARD GRIFFIN (Gallimard, 1976)
• *Tête de Turc*, GÜNTER WALLRAFF (1985 ; Livre de Poche, 1987).

→ **À écouter :** *Armstrong*, CLAUDE NOUGARO
(http://fr.lyrics-copy.com/claude-nougaro/armstrong.htm).

La couleur de la peau fut et demeure encore aujourd'hui à la base de l'idéologie raciste et l'objet de théories pseudo-scientifiques. Historiquement, c'est à partir de ce caractère physique que le concept de hiérarchisation des « races » s'est développé, selon le degré de blancheur ou de noirceur de la peau. Au XVIIIe siècle, Carl von Linné, célèbre naturaliste suédois, publie un livre, *Systema Natura*, dans lequel il distingue quatre variétés d'êtres humains avec chacune des caractéristiques pour le moins subjectives : les *Americanus* sont de couleur rouge, colériques et droits ; les *Europeus* sont de couleur blanche, sanguins et musculaires ; les *Asiaticus* sont de couleur jaune pâle, mélancoliques et rigides ; et les *Afer* sont de couleur noire, flegmatiques et décontractés. Au XIXe siècle, de nombreux scientifiques vont reprendre ces critères et véhiculer l'idée que la « race blanche » est supérieure à toutes les autres « races » ; phénomène renforcé par l'esclavage et la traite négrière atlantique ainsi que par la suprématie de l'Occident sur une grande partie du monde avec la colonisation.

La couleur de la peau s'explique pourtant facilement par l'existence des mélanines – des pigments présents dans la peau – qui, sous l'effet du soleil, lui donnent une coloration plus ou moins « noire ». Pour les populations exposées au soleil, ces pigments protecteurs se sont développés avec le temps. Pour autant, les quelques milligrammes de mélanine qui déterminent la couleur de la peau ont été et sont toujours à l'origine de formes d'exclusion très violentes. Aujourd'hui, la notion d'« hommes de couleur », pour désigner les humains à la peau noire et/ou mate, par exemple, subsiste encore dans le langage courant. Comme si la couleur blanche n'en était pas une. Aussi inquiétante et controversée, l'expression « minorité visible » indiquerait que seuls les humains à la peau mate seraient visibles tandis que ceux à la peau blanche seraient invisibles. ¶

Darwin (Charles Robert)

Darwin (1809-1882) est un naturaliste britannique, célèbre pour son ouvrage *L'Origine des espèces*, paru en 1859. De ses écrits est né le « darwinisme », qui s'appuie sur deux grandes idées : au sein des espèces, des « mutations » se produisent dans le temps, ce qui provoque une évolution. Certains individus s'adaptent, d'autres non, c'est ce que Darwin a appelé le principe de la « sélection naturelle ».

→ **Renvois :** eugénisme, extrême droite, génétique, Gobineau (Joseph Arthur, de), *Mein Kampf*, mythe aryen, néoracisme, « race » humaine.

→ **À lire :** ▲ *L'Origine des espèces au moyen de la sélection naturelle ou la Lutte pour l'existence dans la nature*, CHARLES ROBERT DARWIN (1859 ; Flammarion, 2008) ▲ *L'Émergence de l'homme*, IAN TATTERSALL (Gallimard, 1999).

→ **À voir :** ■ *Un homme parmi les loups*, CARROLL BALLARD (1983, DVD).

Selon Darwin, les individus d'une même espèce diffèrent les uns des autres selon des caractéristiques propres, telles que, par exemple, la résistance aux maladies ou aux conditions climatiques. Une partie seulement d'entre eux réussissent à se reproduire et seuls les descendants des individus les mieux adaptés à leur environnement participent à la génération suivante. C'est ainsi qu'une sélection naturelle s'opère : les individus sélectionnés, c'est-à-dire les plus adaptés, transmettent leurs caractères à leur descendance, et l'espèce évolue et s'adapte en permanence à son environnement.

Si cette théorie de l'évolution et de la sélection naturelle, ce que certains ont appelé la « lutte pour l'existence », a été très discutée et parfois déformée, elle a servi à la science génétique qui s'en est inspirée pour différents courants de recherche. Au XXe siècle, des chercheurs ont remis en cause sa vision naïve de l'adaptation en émettant l'hypothèse que le hasard pouvait également jouer un rôle dans l'évolution d'une espèce et que l'évolution pouvait se faire brutalement et non graduellement.

Mais la théorie de Darwin a aussi été récupérée à des fins idéologiques, politiques et racistes, principalement à travers le concept d'eugénisme. En 1883, Francis Galton, un scientifique britannique, cousin de Charles Darwin, a mis en avant l'idée d'« amélioration héréditaire » des humains par une sélection des individus à partir de certains caractères dont l'« intelligence », le « talent » ou encore le « génie ». Selon lui, l'eugénisme permettrait ainsi de déterminer les conditions favorables à la procréation d'êtres humains supérieurs. Cette thèse s'appuyait en outre sur le fait que les meilleurs caractères se retrouvaient dans la « race » blanche et qu'elle seule pouvait donc améliorer la « race » humaine. ¶

Davis (Angela)

42 Angela Yvonne Davis, afro-américaine, est née en 1944 à Birmingham, dans le sud des États-Unis, où sévissaient les lois ségrégationnistes. Élevée dans une famille d'enseignants, elle fut très tôt confrontée au racisme. Membre du Parti communiste et du mouvement des Black Panthers, elle fut accusée à tort d'avoir organisé une prise d'otages en 1970 et son procès eut un retentissement international.

→ **Renvois :** apartheid, colonisation / décolonisation, ghetto, King (Martin Luther), lois contre le racisme, X (Malcolm).

→ **À lire :** ▲ *Angela Davis parle*, ANGELA DAVIS (Éditions sociales, 1971) ● *Autobiographie*, ANGELA DAVIS (Le livre de poche, 1977) ▲ *Femmes, race et classe*, ANGELA DAVIS (1981 ; Éditions des femmes, 2007) ▲ *Femmes, culture et politique*, ANGELA DAVIS (Messidor, 1989) ▲ *Les Goulags de la démocratie*, ANGELA DAVIS (Au diable vauvert, 2006).

→ **À voir :** ● *Angela Davis : Portrait of a Revolutionary*, YOLANDE DU LUART (1972) ● *Genet parle d'Angela Davis*, CAROLE ROUSSOPOULOS (1970).

Après son enfance à Birmingham, Angela Davis fit des études de philosophie à New York et à Paris. Elle devint membre du Parti communiste américain, ce qui était alors très mal considéré aux États-Unis, et se rapprocha des Black Panthers. Ce mouvement révolutionnaire afro-américain créé en 1966 militait pour une émancipation totale de la communauté noire en Amérique. En 1970, sur la base d'une machination de la police américaine, Angela Davis fut inculpée au prétexte d'avoir fourni des armes pour une prise d'otages visant à obtenir la libération d'un prisonnier afro-américain, George Jackson, lui-même membre des Black Panthers, qui sera assassiné en 1971. Au terme d'une mobilisation internationale d'une très grande ampleur, Angela Davis fut finalement acquittée en 1972.

À partir de cette date, forte de son aura, Angela Davis s'est engagée contre le racisme et l'oppression, pour la paix au Vietnam et pour l'égalité des femmes. Elle a écrit de nombreux ouvrages et est devenue une icône de l'antiracisme et du féminisme.

En 1981, elle publie *Femmes, race* et *classe*, dans lequel elle retrace l'évolution historique des mouvements féministe, antiraciste et communiste. Angela Davis relie le sexisme, le racisme et la lutte des travailleurs. Selon elle, l'Américaine noire est trois fois exploitée : comme femme, comme Noire et comme travailleuse. La solution au racisme et au sexisme passe donc avant tout par une lutte politique de classe. Dans un autre de ses ouvrages écrit en 1989, *Femmes, culture et politique,* Angela Davis dénonce l'exploitation des femmes noires aux États-Unis et ailleurs dans le monde. Elle estime que les Afro-Américaines sont opprimées selon un processus de domination similaire à celui qui s'opère entre les pays occidentaux et les pays du Sud dits « sous-développés ».

En 2012, Angela Davis est professeure d'histoire et donne des cours sur l'éveil de la conscience dans une université californienne. ¶

Discrimination

44 Le terme « discrimination », tel que nous l'employons aujourd'hui, est assez récent. Il trouve son origine dans le latin *discriminare* et *crimen*, signifiant « point de séparation ». Ce mot a une connotation très négative puisqu'il signifie la distinction, l'isolement, voire l'exclusion sociale de personnes ou de groupes de personnes au sein d'une société, avec pour conséquence la restriction de leurs droits.

→ **Renvois :** abolition de l'esclavage, *affirmative action*, antisémitisme, apartheid, faciès, ségrégation raciale, xénophobie.

→ **À lire :** ● *Stéréotypes, préjugés et discrimination*, Sylvain Delouvée, Jean-Baptiste Légal (Dunod, 2008) ▲ *Les Discriminations*, Éric Pélisson (Ellipses, 2007) ▲ *Les Discriminations*, Philippe Pierre, Evalde Mutabazi (Le Cavalier Bleu, 2010). ● http://defenseurdesdroits.fr.

Qu'elle soit volontaire ou inconsciente, la discrimination porte atteinte à l'égalité des droits et à l'égalité des chances. Les critères discriminatoires peuvent être de plusieurs ordres : le statut social, le sexe, les pratiques sexuelles, l'âge, l'origine géographique ou sociale, la couleur de la peau, l'apparence physique ou vestimentaire, la religion, la culture... Dans le cas de la discrimination raciale (couleur de peau, apparence physique, origine géographique, culture), la discrimination peut porter sur des droits fondamentaux : l'emploi avec l'embauche en entreprise, l'accès au logement, l'accès à l'université... Mais il existe d'autres discriminations, tout aussi injustes : contrôle au faciès par les forces de police, impossibilité d'aller dans certains lieux tels que les boîtes de nuit, par exemple.

On distingue deux types de discrimination : la discrimination directe, qui consiste en un acte volontairement discriminatoire, le plus souvent motivé par des préjugés racistes ; la discrimination indirecte, lorsqu'il n'y a pas d'intentionnalité raciste mais un traitement inégalitaire qui handicape un ou plusieurs individus appartenant à un groupe minoritaire.

Comme dans le cas de la xénophobie et du racisme, la discrimination s'aggrave en période de crise économique, principalement contre les communautés étrangères. Dans les principaux pays occidentaux, les lois représentent l'un des moyens les plus efficaces pour combattre toute forme de discrimination. En France, depuis 2004, les propos discriminatoires sont considérés comme des délits et sont punis par la loi, tandis que l'Organisation des Nations unies (ONU) condamne la discrimination dans le pacte international des droits civils et politiques. Cependant, dans certains pays, dont les États-Unis, si les actes discriminatoires sont illégaux, les propos discriminatoires sont permis au nom de la liberté d'expression. ¶

Droits de l'homme

46 La Déclaration des droits de l'homme et du citoyen de 1789 est un texte officiel français qui proclame l'égalité théorique entre tous les hommes : « Les hommes naissent et demeurent libres et égaux en droits » (article 1er). Cette déclaration n'impliquait pourtant pas la libération immédiate des esclaves des colonies françaises...

→ Renvois : discrimination, égalité, esclavagisme, lois contre le racisme, Lumières.

→ À lire : ■ *La Déclaration des droits de l'homme et du citoyen, 26 août 1789*, JEAN MORANGE (PUF, Que sais-je ?, 2002) ● *Les Droits de l'homme*, DANIÈLE LOCHAK (La Découverte, 2009) ■ *Déclaration universelle des droits de l'homme*, COLLECTIF et FOLON (Gallimard, 1988) ■ *Déclaration des droits de la femme et de la citoyenne*, OLYMPE DE GOUGES (Mille et une nuits, 2003) ● www.assemblee-nationale.fr/histoire/dudh/1789.asp

→ À voir : ● *La Nuit miraculeuse*, ARIANE MNOUCHKINE (1989).

L'esclavage ne fut aboli une première fois qu'en 1793 à Saint-Domingue et en 1794 dans les autres colonies françaises, puis fut rétabli en 1802, avant d'être définitivement aboli en 1848.

La Constitution française de 1946 fut plus explicite : « [...] le peuple français proclame à nouveau que tout être humain, sans distinction de race, de religion ni de croyance, possède des droits inaliénables et sacrés [...] » (préambule). C'est en 1946 (seulement !) que la France mit fin au travail forcé dans ses colonies d'Afrique... Les grandes idées de la Déclaration des droits de l'homme et du citoyen furent reprises dans la Charte des Nations unies (adoptée en 1945 à San Francisco) et dans la Déclaration universelle des droits de l'homme de 1948.

Il existe néanmoins une distance entre les textes de lois, même les plus fondamentaux, comme des constitutions ou des déclarations universelles, et leur application dans la vie quotidienne. Les droits de l'homme sont une idée noble, mais le racisme n'a pas, jusqu'à ce jour, été aboli par quelque texte que ce soit. Ainsi, on voit renaître l'esclavage domestique dans les sociétés modernes ; le tourisme dit sexuel est une autre forme d'esclavage de personnes issues de groupes ethniques dominés (par exemple en Asie du Sud-Est) par des personnes issues d'autres groupes ethniques, en l'occurrence des Occidentaux et des Japonais. La discrimination (à l'embauche, à la location ou dans les études) peut être considérée comme une forme d'atteinte aux droits de l'homme, même si elle est plus subtile que l'esclavage domestique ou sexuel ; cette discrimination provient très souvent de préjugés racistes ou xénophobes.

Cependant, si les droits de l'homme ne sont pas devenus effectifs par le simple fait de la loi, ils restent un objectif fondamental, fixé par une Déclaration de portée planétaire. ¶

Égalité

48 Nous sommes tous égaux, mais « certains sont plus égaux que d'autres » ! Telle est la célèbre formule que le romancier George Orwell attribue aux cochons, qui prennent le pouvoir dans sa fable, *La Ferme des animaux*... L'égalité serait donc relative ?

→ **Renvois :** *affirmative action*, discrimination, droits de l'homme, esclavagisme, King (Martin Luther), Lumières, préjugés.

→ **À lire :** ▲ texte de la loi n° 2202-73 du 17 janvier 2002, article 158, sur le site : legifrance.gouv.fr

• *La Ferme des animaux*, GEORGE ORWELL (1947 ; Gallimard, 1984).

Partout dans le monde, l'égalité entre les humains est l'un des objectifs essentiels des pouvoirs politiques et des organisations internationales. De nombreux États l'ont inscrite dans leur Constitution, et les Nations unies en proclament la nécessité. Mais de quelle égalité s'agit-il ?

À première vue, l'égalité devant la loi, quels que soient notre groupe « ethnique », notre sexe, notre religion ou notre statut social, semble facile à réaliser. En effet, les lois de la plupart des pays du monde garantissent l'égalité dans l'accès à l'éducation, à la santé et à l'emploi.

Pourtant, même là où les lois imposent l'égalité entre tous, elles ne sont pas toujours respectées. Loin s'en faut. À titre d'exemple, en France, la loi de juillet 1989 sur l'accès au logement s'est avérée insuffisante pour lutter contre la discrimination ; il a fallu une nouvelle loi, en 2002, afin de sanctionner les bailleurs qui refusent de louer leur logement à des personnes en raison de leur « origine » ou de leur « apparence physique », autrement dit à cause de la couleur de leur peau.

Mais l'égalité ne s'acquiert pas par la seule législation, et certains individus ou groupes humains n'ont pas les mêmes chances que d'autres d'obtenir un logement ou un emploi. Parfois, dans un pays, le simple fait d'avoir une couleur de peau différente de celle du groupe majoritaire suffit à ne pas être l'égal de l'Autre. Dans ce sens, la discrimination et plus largement le racisme sont des facteurs d'inégalité et empêchent d'accéder à ce que l'on appelle une « vie digne ». Or la dignité suppose, pour tous les membres de la société, la possibilité de développer leurs propres capacités humaines et sociales, du moment qu'elles ne nuisent pas à autrui. La revendication d'une vie digne pour tous, qui est récente, va donc dans le sens d'une meilleure égalité entre les humains. ¶

Esclavagisme

50 La pratique de l'esclavage, officiellement bannie aujourd'hui, a profondément marqué l'histoire de l'humanité. Si, dès l'Antiquité, des hommes ont été réduits au rang d'esclaves, l'esclavage est devenu une véritable industrie lors des traites négrières qui ont duré plusieurs siècles et ont entraîné la mort de plusieurs dizaines de millions d'êtres humains.

→ **Renvois :** abolition de l'esclavage, discrimination.

→ **À lire :** ■ *La Case de l'oncle Tom*, HARRIET BEECHER STOWE (1852 ; Folio Junior, 2010) ▲ *De la traite et de l'esclavage des Noirs*, ABBÉ GRÉGOIRE (1815 ; préfacé par AIMÉ CÉSAIRE, Arléa, 2007) ▲ *Le Code noir ou le Calvaire de Canaan*, LOUIS SALA-MOLINS (1987 ; PUF, 2012) ▲ *Le Code noir et autres textes de lois sur l'esclavage*, collectif (Sepia, 2006) ● *Codes noirs : de l'esclavage aux abolitions*, ANDRÉ CASTALDO (préface de CHRISTIANE TAUBIRA, Dalloz-Sirey, 2006) ▲ *La Férocité blanche : des non-Blancs aux non-Aryens, ces génocides occultés de 1492 à nos jours*, ROSA AMÉLIA PLUMELLE-URIBE (Albin Michel, 2001) ▲ *Les Traites négrières. Essai d'histoire globale*, OLIVIER PÉTRÉ-GRENOUILLEAU (2004 ; Folio, 2006) ● www.assemblee-nationale.fr/histoire/esclavage/abolition.asp.

→ **À voir :** ■ *La Couleur pourpre*, STEVEN SPIELBERG (1985, DVD) ■ *Amistad*, STEVEN SPIELBERG (1997, DVD).

Réduire quelqu'un en esclavage, c'est lui faire perdre sa liberté et sa condition d'être humain. Selon Tahar Ben Jelloun, « l'esclavage est le droit de propriété appliqué à un être humain ». Sous Louis XIV, un ensemble de textes juridiques, le Code noir, fut établi, qui réglait la vie des esclaves noirs dans les îles françaises : il stipulait notamment que l'esclave est un « bien meuble », un objet.

Historiquement, l'esclavage est apparu très tôt, dans l'Antiquité, lorsque les premiers réseaux commerciaux ont commencé à se développer : en Grèce, à Carthage et au sein de l'Empire romain. À cette époque, le statut social d'un homme se mesurait au nombre d'esclaves qu'il possédait. Le plus souvent, les personnes réduites en esclavage étaient issues d'autres peuples conquis. Elles se distinguaient soit par leur couleur de peau, soit par l'usage d'une langue différente. Il y avait également des trafiquants d'esclaves, dont la spécialité était de fournir de la main-d'œuvre pour les grandes places commerciales. Au Moyen Âge, l'esclavage se développa en Afrique du Nord et en Méditerranée avec la traite dite arabe, qui alimentait en esclaves noirs le monde musulman.

Mais c'est à partir du XVe siècle que l'esclavage prit une nouvelle dimension avec les grandes découvertes, les explorations et l'expansion territoriale des puissances européennes en Afrique, en Asie et en Amérique. Le Portugal, l'Espagne, l'Angleterre, la Hollande et la France développèrent la traite négrière, le commerce des esclaves noirs originaires d'Afrique subsaharienne. En général, les esclaves permettaient de remplacer les populations autochtones qui avaient été massacrées ou décimées par les maladies lors des invasions par les conquistadores, comme ce fut le cas en Amérique du Sud. À l'origine de millions de victimes du XVe au XIXe siècle, la traite négrière se caractérisa par l'existence de réseaux d'approvisionnement en esclaves organisés et intégrés. Considérée comme une manne économique pour de nombreux États, elle fut encouragée, voire ouvertement approuvée par les autorités politiques en place. Cette traite négrière, appelée traite occidentale ou traite atlantique, s'appuyait sur le « commerce triangulaire », entre l'Afrique, l'Amérique et l'Europe. Il semble que les Portugais soient les premiers à avoir développé ce système dès le XVe siècle, suivis deux siècles plus tard par les Anglais, les Français et les Hollandais. En France, des villes portuaires telles que La Rochelle, Nantes et Bordeaux étaient des grands ports négriers : des bateaux chargés de tissus, d'armes ou d'alcool en partaient à destination des côtes d'Afrique de l'Ouest pour échanger leurs cargaisons contre des esclaves. La plupart du temps, c'était des hommes et des femmes en bonne santé et libres, qui avaient été capturés dans les villages par des trafiquants. Puis les bateaux repartaient avec les captifs attachés et entassés dans les cales vers les îles des Caraïbes (Martinique, Saint-Domingue, Jamaïque, Barbade, Cuba…), l'Amérique du Sud ou l'Amérique du Nord. Les esclaves étaient alors vendus à de grands propriétaires terriens, qui exploitaient la canne à sucre, le café, le coton, ou étaient échangés contre des matières premières qui étaient ensuite envoyées en Europe. Le prix des esclaves variait selon leur âge, leur « vitalité » et leur force, et selon la demande. La traite atlantique fut abolie au début du XIXe siècle en Angleterre, aux États-Unis et en France, mais l'esclavage perdura malgré tout encore plusieurs années dans ces trois pays avant d'être définitivement condamné. Aujourd'hui, on estime que 11 à 13 millions d'Africains ont été déportés dans le cadre de cette traite.

Mais il y a eu également deux autres traites négrières, très importantes, la traite orientale et la traite intra-africaine. La traite orientale, à destination des pays arabes et musulmans, s'est poursuivie jusqu'au début du XXe siècle. Elle utilisa majoritairement des esclaves noirs mais aussi des Européens de Turquie et des pays d'Europe de l'Est. Ce commerce alimentait l'Europe méridionale sous contrôle musulman, mais aussi les Balkans et l'Empire ottoman. Cette traite fournissait une main-d'œuvre à tout faire pour les mines, les travaux des grandes infrastructures, l'agriculture mais aussi pour la prostitution.

La traite intra-africaine, quant à elle, a commencé dès le XIe siècle et a connu un fort développement avec la demande en esclaves des pays européens pour le commerce triangulaire. Elle a perduré après l'abolition de la traite atlantique et après les abolitions de l'esclavage dans les principaux pays du monde.

Aujourd'hui, si la notion d'esclavage traditionnel n'existe plus, en 2000, l'Unicef estimait que 200 000 femmes et enfants vivaient dans des conditions d'esclaves, principalement en Afrique centrale et occidentale. Mais il y a également des formes d'« esclavage moderne » pratiquées dans des pays d'Europe de l'Est, la péninsule Arabique et l'Asie, notamment en Inde ou en Chine, à travers la prostitution et/ou le travail clandestin. L'Organisation des Nations unies estime ainsi qu'environ 2 millions de personnes sont réduites à l'esclavage tous les ans. ¶

Aquarelle réalisée en 1846 par le lieutenant Francis Meinell de la Marine Royale Britannique, dont le bateau, l'Albatross, avait intercepté le navire négrier espagnol l'Albanoz et avait libéré ses esclaves. © The Granger Collection NYC/Rue des Archives

Eugénisme

56 L'étymologie du mot « eugénisme » est grecque : *eu* (« bien ») et *gennân* (« engendrer »), ce qui signifie littéralement « bien naître ». En réalité, l'eugénisme est une méthode de sélection de l'espèce humaine selon des critères déterminés et bien souvent idéologiques à partir de la génétique. Ce néologisme aurait été utilisé pour la première fois en 1883 par Francis Galton, un scientifique britannique, cousin de Charles Darwin.

→ **Renvois :** Darwin (Charles Robert), extrême droite, génétique, Gobineau (Joseph Arthur, de), mythe aryen, *Mein Kampf*, néoracisme, « race » humaine.

→ **À lire :** ▲ *La Société pure ; de Darwin à Hitler*, André Pichot (Flammarion, 2009) ▲ *L'Eugénisme en questions : l'exemple de l'eugénisme « français »*, Alain Drouard (Ellipses, 1999) ▲ *Au nom de l'eugénisme. Génétique et politique dans le monde anglo-saxon*, Daniel J. Kevles (PUF, 1995) ● *Histoire de l'eugénisme*, Dominique Aubert-Marson (Ellipses, 2010) ▲ *L'Éternel Retour de l'eugénisme*, J. Gayon, D. Jacobi, M.-C. Lorne (PUF, 2006).

→ **À voir :** ■ *Bienvenue à Gattaca*, Andrew Niccol (1997, DVD).

Fortement influencé par les travaux de Darwin sur la sélection naturelle, Galton publia en 1869 une étude où il prônait le maintien d'une lignée des grands hommes de la nation britannique par une organisation rationnelle des mariages pour éviter toute décadence. Puis, en 1883, Galton rédigea une seconde étude dans laquelle il employa le terme « eugénisme » pour qualifier cette « science de l'amélioration des lignées » : à travers des recherches biologiques et génétiques mais aussi des pratiques morales et sociales, l'eugénisme permettrait de déterminer les conditions favorables à la procréation d'êtres humains dits « supérieurs », et donc d'améliorer la « race » humaine. Au début du XXe siècle, de nombreux scientifiques feront la promotion de l'eugénisme, ce qui conduira notamment à des programmes de stérilisations forcées. Ainsi, sous prétexte de « dégénérescence raciale », des États contraindront des groupes de populations (essentiellement des personnes présentant des handicaps physiques ou des maladies psychiques) à participer à ces programmes pour éviter leur reproduction : aux États-Unis, en Suède, au Japon, et en Allemagne sous le régime nazi.

Aujourd'hui, la question de l'eugénisme perdure à cause du développement des techniques de procréation médicalement assistée – fécondation *in vitro*, insémination artificielle, transferts d'embryons congelés ou congélation d'ovaires –, qui permettent de « contrôler » les naissances et donc potentiellement d'opérer des « sélections prénatales ». Mais le clonage humain apparaît de loin comme la technique la plus à même de redonner corps à l'eugénisme tel qu'il a été pensé par Galton. Si aucun être humain ne semble avoir été cloné à ce jour, le clonage peut produire une copie génétiquement identique d'une personne, ouvrant ainsi la voie à une sélection très précise de certains individus. Pour cette raison, des législations ont été mises en place, notamment en France où le clonage à vocation eugénique est interdit. ¶

Extrême droite

58 En Europe et en Amérique du Nord, de nombreux partis politiques, le plus souvent sous forme de groupuscules, affichent leur rejet du multiculturalisme et prônent la séparation des différentes ethnies ou groupes humains. Une manière de revendiquer une nation « ethniquement pure », en particulier « blanche ».

→ **Renvois :** antisémitisme, discrimination, immigration, Internet, islamophobie, Ku Klux Klan, métissage, néoracisme, préjugés, ségrégation raciale, suprémacisme.

→ **À lire :** ● *Histoire de l'extrême droite en France*, MICHEL WINOCK (Seuil, 1994)
● *L'Extrême Droite aujourd'hui*, JEAN-YVES CAMUS (Milan, 2003)
▲ *L'Europe en chemise noire : les extrêmes droites en Europe de 1945 à aujourd'hui*, PIERRE MILZA (Flammarion, 2004).

Historiquement, en Europe, l'idéologie d'extrême droite trouve ses racines au XIXe siècle dans le nationalisme : exaltation du sentiment national et rejet de tout ce qui peut représenter l'étranger. Aujourd'hui, les partis politiques et organisations se réclamant de cette idéologie ont en commun une forte hostilité à l'encontre des populations immigrées et mettent en avant la « préférence nationale ». Si la question de la « race » n'est plus abordée de façon publique pour des questions juridiques (les lois en Europe punissent les propos à caractère raciste), elle est toujours sous-jacente à travers la question de l'immigration, la xénophobie, l'islamophobie et parfois l'antisémitisme.

Pour susciter la mobilisation, les mouvements d'extrême droite présentent la particularité de désigner des boucs émissaires : dans les années 1930 en France, les multiples organisations de ce courant sont majoritairement antisémites. C'est ainsi que les Juifs ne sont pas considérés comme des patriotes, mais comme des « agents de l'étranger ». L'extrême droite, qui collabore avec le régime nazi, participe aux rafles des Juifs sur le territoire français pour les envoyer dans des camps de concentration. Après la Seconde Guerre mondiale, les mouvements d'extrême droite vont redevenir marginaux en Europe. Leur retour en force au début des années 1980, en France, en Belgique, en Italie ou en Autriche, coïncide avec l'avancement de la construction européenne, l'ouverture des frontières, l'immigration et l'apparition du chômage de masse. Pour les idéologues d'extrême droite, les immigrés et les « minorités visibles » ont remplacé les Juifs, et ils représentent une menace pour la nation. En général, ces mouvements défendent l'idée d'« ethnodifférentialisme », ou « néoracisme », qui prône la séparation des groupes humains au sein de la société, pour privilégier l'idée de nation « ethniquement pure ». Ce qui signifie un refus du multiculturalisme. ¶

Faciès

Le faciès, autrement dit l'apparence physique et plus spécialement le visage, est très souvent un facteur de racisme. Plus communément, on parle de délit de « sale gueule », lorsque des personnes se voient refuser l'accès à des endroits ou à des postes, ou encore contrôler par les forces de l'ordre, sur la base de leur allure physique et de la couleur de leur peau.

→ **Renvois :** discrimination, préjugés, xénophobie.

→ **À lire :** • *Contrôles au faciès : comment en finir ?* Thierry Marchal-Beck, Laurianne Deniaud (Les petits matins, 2012).

En 2009, une étude du Centre national de la recherche scientifique (CNRS) démontrait que la police française effectuait le plus grand nombre de contrôles d'identité à partir du faciès, essentiellement sur le critère de la couleur de la peau. C'est ainsi que la probabilité d'être contrôlé dans la rue était en moyenne 7,8 fois plus élevée pour les personnes d'origine arabe que pour les Blancs et 6 fois plus importante pour les Noirs. Cette réalité est une atteinte à la reconnaissance de l'égalité entre les citoyens mais aussi une atteinte à la liberté de circuler sur le territoire. Pour limiter ces contrôles au faciès et empêcher toute discrimination, plusieurs pays, dont l'Angleterre et l'Espagne, ont instauré des mesures qui obligent les forces de l'ordre à délivrer un récépissé ou un procès-verbal – sans qu'il y ait de suites – à chaque personne dont l'identité est contrôlée : ceci afin d'éviter notamment la multiplication des contrôles au faciès dans la même journée, mais aussi d'identifier les policiers qui abuseraient de ce type de contrôle.

Le « délit de faciès » est également courant dans l'accès à certains lieux tels que les boîtes de nuit, où les personnes à la peau plus ou moins mate sont souvent refoulées. Plus grave encore, le « délit de sale gueule » empêche fréquemment l'accès à un logement et à un travail. Pour lutter contre cette inégalité, des actions ont été menées par différentes organisations et entreprises, dont le développement du *curriculum vitae* (CV) anonyme. En effet, plus de 70 % des CV seraient écartés par les employeurs à cause de l'« origine ethnique » des candidats et pour des motifs liés à l'apparence physique, principalement la couleur de la peau. Le CV anonyme, sans la photo, ni le nom et le lieu de naissance, permet alors au candidat de contourner toute discrimination et d'être uniquement jugé sur ses compétences. ¶

Gandhi (Mohandas Karamchand)

62 Gandhi est né en 1869 en Inde, dans l'État du Gujarat. Après des études d'avocat en Angleterre, il partit en 1893 en Afrique du Sud, alors colonie britannique. Constatant le racisme dont étaient victimes les « coolies », les manœuvres indiens qui avaient émigré en Afrique du Sud pour travailler, Gandhi s'engagea pleinement pour faire reconnaître leurs droits.

→ **Renvois :** apartheid, ghetto, King (Martin Luther), Mandela (Nelson), préjugés, ségrégation raciale.

→ **À lire :** ▲ *Autobiographie ou mes expériences de vérité*, MOHANDAS KARAMCHAND GANDHI (1929 ; PUF, 2012) ● *La Voie de la non-violence*, MOHANDAS KARAMCHAND GANDHI (Folio, 2005) ▲ *La Découverte de l'Inde*, JAWAHARLAL NEHRU (1944 ; Philippe Picquier, 2002) ■ *Gandhi et l'Inde : Un rêve d'unité et de fraternité*, PHILIPPE GODARD (Syros, 2010).

→ **À voir :** ■ *Gandhi*, RICHARD ATTENBOROUGH (1982, DVD).

Gandhi arriva en 1893 en Afrique du Sud et y resta vingt ans. À cette époque, après une seconde guerre contre les Boers (des fermiers franco-néerlandais qui s'y étaient implantés deux siècles et demi plus tôt), les Britanniques contrôlaient l'ensemble du pays. Les populations noires, originaires d'Afrique du Sud, étaient ostracisées, rejetées et subissaient une véritable politique de terreur de la part des colonisateurs anglais. Il en allait de même pour les populations immigrées composées d'Indiens, de Malgaches ou encore de Chinois, venus en Afrique du Sud pour travailler dans les plantations et dans les mines de diamant qui nécessitaient beaucoup de main-d'œuvre.

Face au racisme ambiant, Gandhi, alors avocat, élabora son concept de *satyagraha*, terme que l'on peut traduire par « résistance passive ». Dans les faits, Gandhi prônait la non-violence et la capacité à résister « passivement » – en réalité de façon très active – à la répression violente exercée par les Britanniques contre les Indiens, les Africains et tous les immigrés. Le spectacle d'Indiens battus honteusement par la police, sans que ceux-ci n'opposent une quelconque résistance physique – tout en faisant preuve d'une très forte détermination morale –, finit par modifier le comportement du pouvoir britannique.

Gandhi revint en Inde en 1914, tout auréolé de ses succès dans la lutte antiraciste en Afrique. Dans son pays natal, il mit en œuvre toute son énergie et ses principes de résistance passive pour lutter contre l'Empire britannique qui colonisait l'Inde depuis 1848. Gandhi devint un véritable guide et, sous son leadership, l'Inde obtint son indépendance en 1947. Mais le pays fut séparé en deux États (la « partition ») : l'Inde d'un côté et le Pakistan de l'autre. Gandhi fut assassiné en 1948 par un extrémiste, qui lui reprochait d'avoir laissé faire la partition des Indes entre un État musulman (le Pakistan) et un État hindou (l'Inde). ¶

Génétique

L'être humain a toujours essayé de contrôler son environnement, de transformer tout ce qui l'entoure et de manipuler le milieu dans lequel il vit. Cet objectif n'est donc pas nouveau, mais il a pris un essor considérable avec le développement des techniques du génie génétique qui rendent possibles l'isolement, l'étude et la modification de nos gènes.

→ **Renvois :** antiracisme, Darwin (Charles Robert), discrimination, eugénisme, Gobineau (Joseph Arthur de), mythe aryen.

→ **À lire :** ■ *L'Île du docteur Moreau*, H.G. WELLS (1896 ; Folio Junior, 2010) ■ *Le Meilleur des mondes*, A. HUXLEY (1931 ; Pocket, 2002) ▲ *Éloge de la différence : la génétique et les hommes*, ALBERT JACQUARD (Seuil, 1981) ▲ *L'Humanité au pluriel. La génétique et la question des races*, BERTRAND JORDAN (Seuil, 2008).

→ **À voir :** ■ *Jurassic Park*, STEVEN SPIELBERG (1993, DVD) ■ *Bienvenue à Gattaca*, Andrew Niccol (1997, DVD) ■ *Godsend, expérience interdite*, NICK HAMM (2004, DVD).

Historiquement, l'homme a commencé à modifier le vivant en sélectionnant les espèces végétales puis les espèces animales pour sa propre utilité, avec comme objectif d'obtenir les meilleures espèces, les plus robustes, les plus fertiles et donc les plus rentables. Cette domestication du vivant, en vue de son amélioration, a eu des répercussions sur la question de la « race » humaine. Fondée sur une connaissance de plus en plus précise des mécanismes du monde vivant, cette action de l'homme est devenue de plus en plus efficace. Mais si certains ont fait bon usage de ce pouvoir nouveau, d'autres l'ont employé à des fins idéologiques et politiques.

Les Grecs, les Égyptiens et les Hébreux avaient ce grand souci de préserver leur « ethnie », leur groupe, d'une éventuelle dégénérescence, d'améliorer sinon l'ensemble, du moins une partie du groupe, d'aboutir à un homme nouveau aux facultés supérieures. Cette idéologie fut à la base de la théorie eugéniste développée au XIXe siècle par le scientifique britannique Francis Galton qui préconisait de « forcer » la sélection naturelle en ayant recours à une sélection artificielle pour améliorer la « race humaine ». Selon Galton, les classes sociales et les différentes « races » possédaient leurs qualités propres, qui étaient transmises de manière héréditaire. Or, la préservation des qualités des « bonnes lignées » nécessitait d'éviter le mélange des sangs qui ne pouvait conduire qu'à la disparition des meilleurs caractères de la « race humaine ». Ce qui signifiait que les différents groupes humains ou les différentes « races humaines » avaient des gènes très différents.

Aujourd'hui, grâce aux nouvelles connaissances scientifiques en matière de génétique, les chercheurs ont pu remonter le fil de l'histoire de l'humanité jusqu'à son origine, et la communauté scientifique s'accorde sur un point essentiel : tous les humains sont parents. En d'autres termes, la diversité observée chez les humains est plus apparente que réelle.

Ainsi, l'ADN[1] de deux individus pris au hasard sur la planète ne diffère que de 0,1 %, ce qui signifie que les 7 milliards d'individus qui peuplent la planète sont tous issus d'un petit groupe d'hommes qui vivaient en Afrique il y a deux cent mille ans et qui constituent le fondement de l'espèce humaine. Les nouvelles sciences liées à la génétique, appelées génie génétique ou ingénierie génétique, ont donc permis de remettre en cause les travaux des scientifiques du XIXe siècle et de rendre caduques les thèses de hiérarchisation des « races ».

Sur un plan pratique, le génie génétique permet d'isoler des gènes et de les transférer. C'est ainsi que, dans le cadre de la thérapie génique de certaines cellules (cellules somatiques), des maladies telles que le cancer peuvent être potentiellement traitées, et la médecine actuelle y a recours. Mais le génie génétique, à partir du moment où il permet d'intervenir sur des cellules germinales (celles qui sont issues des cellules souches et qui interviennent dans la formation des spermatozoïdes et des ovocytes), a le pouvoir de modifier le patrimoine génétique, qu'il soit végétal (cas des organismes génétiquement modifiés, les OGM), animal ou humain. C'est ce qu'on appelle le génie génétique d'amélioration et le génie génétique eugénique.

De ce point de vue, le génie génétique peut s'avérer une véritable menace et conduire à des politiques eugénistes, comme il n'en a jamais existé, sous couvert d'« améliorer la race humaine ». L'une des applications de la thérapie génique pourrait, par exemple, être de modifier la couleur des cheveux et celle de la peau. Le « rêve » de nombreux idéologues racistes pour qui la « race humaine » ne peut être qu'uniforme… ¶

1. ADN : abréviation pour désigner l'acide désoxyribonucléique qui constitue les chromosomes du noyau cellulaire. Sa fonction principale est de stocker l'information génétique, information qui détermine le développement et le fonctionnement d'un organisme.

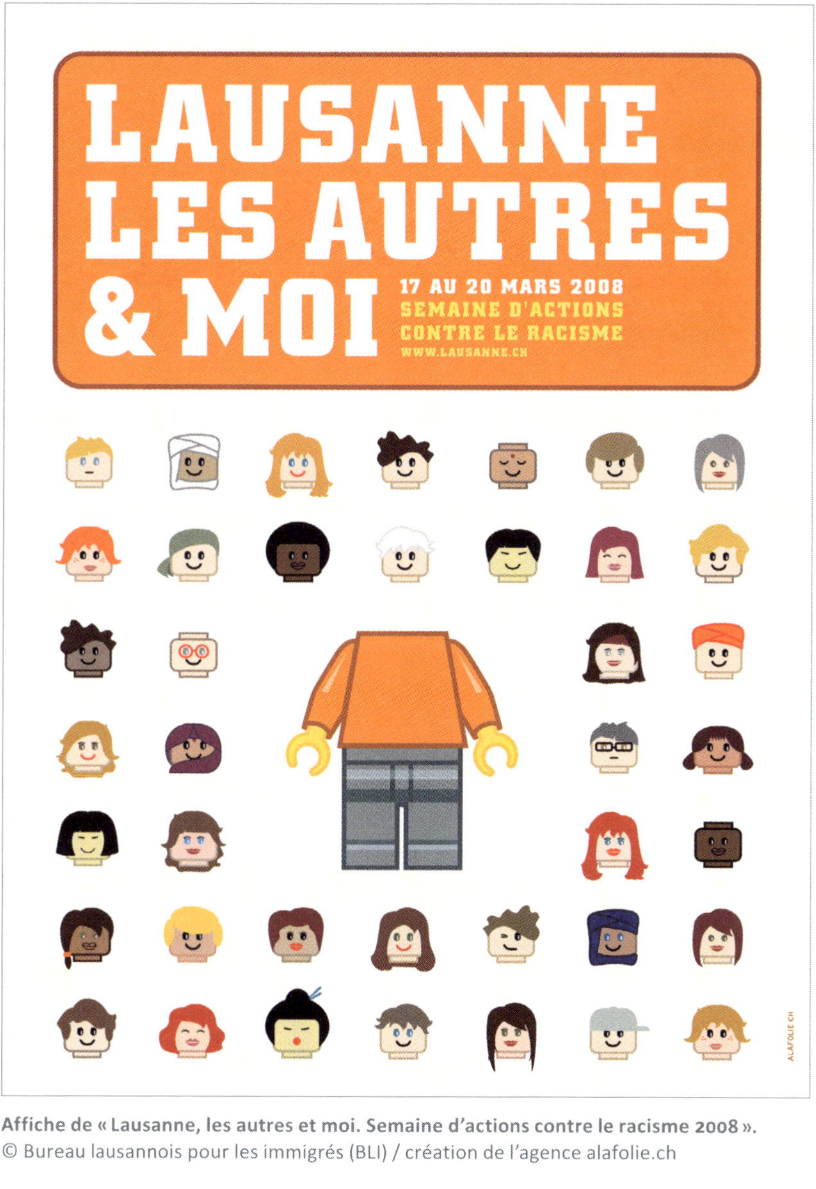

Affiche de « Lausanne, les autres et moi. Semaine d'actions contre le racisme 2008 ».
© Bureau lausannois pour les immigrés (BLI) / création de l'agence alafolie.ch

Ghetto

68 Le premier ghetto fut instauré à Venise en 1516. Les autorités de la ville attribuaient alors une zone bien définie à chaque communauté étrangère. Les Juifs furent cantonnés dans un petit quartier connu sous le nom vénitien de *gèto*, la « coulée (de métal) », car une fonderie s'y trouvait. Le ghetto était fermé par des portes, lesquelles étaient gardées.

→ **Renvois :** antisémitisme, apartheid, Davis (Angela), Mandela (Nelson), ségrégation raciale, X (Malcolm).

→ **À lire :** ▲ *Le Ghetto*, LOUIS WIRTH (PUG, 2006) ● *Le Ghetto de Varsovie*, COLLECTIF (Gallimard, 2004) ▲ *La Loi du ghetto. Enquête dans les banlieues françaises*, LUC BRONNER (Pocket, 2011) ● *Qui écrira notre histoire ? Les archives secrètes du ghetto de Varsovie*, SAMUEL D. KASSOW (Grasset, 2011).

→ **À voir :** ● *Le Pianiste*, ROMAN POLANSKI (2002, DVD) ■ *Korczak*, ANDRZEJ WAJDA (1990, DVD) ■ *Wattstax*, documentaire de MEL STUART (1973, DVD) sur le « Woodstock noir », organisé par le label Stax et célébrant les émeutes du ghetto de Watts ● *American Revolution 2*, documentaire de HOWARD ALK et MIKE GRAY (1971, DVD) sur les émeutes de Chicago en 1968.

La communauté juive de Venise était très active et finit par s'étendre en dehors du premier ghetto. Mais le nom resta, d'autant qu'en 1555, le pape Paul IV préconisa d'enfermer les Juifs de la chrétienté dans des « ghettos ». Ces enclaves subsistèrent en Europe jusqu'au XIXe siècle. Certains pays musulmans eurent leurs ghettos jusqu'au XXe siècle, pour contraindre les Juifs à y vivre et parfois pour les protéger des violences qu'ils subissaient à l'extérieur.

Les ghettos réapparurent de façon tragique en Europe en 1940, lorsque les autorités nazies, qui s'étaient emparées de la Pologne, les recréèrent, d'abord à Lódz puis dans d'autres villes, dont Varsovie. Peu à peu, les Juifs des ghettos polonais furent déportés vers les camps d'extermination ; environ 300 000 Juifs du ghetto de Varsovie furent ainsi exterminés à Treblinka. Les quelque 40 000 Juifs qui subsistaient alors dans le ghetto se révoltèrent ; des unités de l'armée allemande et des SS mirent un mois à prendre le contrôle total du ghetto, du 19 avril au 16 mai 1943. Seuls quelques combattants juifs survécurent à la révolte, dont le plus célèbre est Marek Edelman.

Après la Seconde Guerre mondiale, le principal exemple de ghetto avec obligation de résidence concerne l'Afrique du Sud, avec les « zones réservées » pour les Indiens et les *townships* où sont regroupés les Noirs.

En Inde, il existe dans les villages des enclaves séparées, où les basses castes sont obligées de résider – le système des castes ne repose cependant pas sur une distinction de « race ».

Le mot « ghetto » revêt aujourd'hui plusieurs significations. Il désigne toujours un endroit où des personnes sont contraintes par la loi de résider. Il peut aussi s'agir des quartiers dans lesquels vivent ou plutôt survivent des personnes disposant de revenus peu élevés, sans y avoir été contraintes par aucune loi. Tel est le cas des ghettos nord-américains, dont les plus célèbres sont ceux de Chicago, Detroit, Watts à Los Angeles et Harlem à New York, ou encore de la France (certains quartiers des « banlieues » ou des « zones sensibles ») et de la plupart des pays. Ce terme stigmatise leurs habitants car il implique qu'ils se sont retranchés eux-mêmes du reste de la société, souvent sur des critères ethniques ou « raciaux », alors que ces regroupements sont souvent le

résultat des différentes politiques de la ville. La « ghettoïsation » entraînerait un renouveau des idées racistes, tant dans le ghetto qu'à l'extérieur.

Aujourd'hui, certains observateurs défendent l'idée que ce ne sont pas les pauvres qui se regroupent, mais les classes moyennes ou aisées qui choisissent de fuir les quartiers où s'installent les pauvres, selon des stratégies dites d'« évitement ». Ainsi, Harlem, avant d'être le quartier noir de Manhattan à New York, était un quartier mixte plutôt huppé ; en France, si certains quartiers dits « sensibles » sont dotés de lieux culturels et disposent de services sociaux, de collèges, de lycées, d'équipements sportifs de qualité, la « mixité » ne se réalise pas car les ménages aisés préfèrent éviter ces quartiers.

Le terme de « ghettoïsation » est donc utilisé à contresens, dans la mesure où ce ne sont pas les pauvres qui s'isolent, mais les classes plus aisées qui préfèrent habiter en dehors de ces quartiers, quitte à y revenir le soir pour assister à une pièce de théâtre ou à une rencontre sportive.

Les ghettos sont souvent le lieu de révoltes d'envergure, comme à Harlem en 1964, Watts en 1965, Detroit en 1967, Los Angeles en 1992, dans l'ensemble de la France en 2005, ou encore à Villiers-le-Bel en 2007… ¶

Novembre 2012 à Wolgast, en Allemagne, rassemblement contre le parti politique nationaliste NPD qui veut manifester contre l'ouverture d'un centre de réfugiés d'Afghanistan, de Tchétchénie, d'Iran, du Ghana et de Turquie demandant l'asile politique. © Getty Images / Photo de Sean Gallup

Gobineau (Joseph Arthur de)

72 Surnommé « le grand-père du racisme », Joseph Arthur de Gobineau (1816-1882) est l'auteur d'un ouvrage fondateur du racisme contemporain, *Essai sur l'inégalité des races humaines*. Son influence sur Hitler et l'ensemble de l'extrême droite européenne est fondamentale.

→ **Renvois :** Darwin (Charles Robert), discrimination, extrême droite, génétique, *Mein Kampf*, mythe aryen, néoracisme, « race » humaine.

→ **À lire :** ▲ *Essai sur l'inégalité des races humaines*, Arthur de Gobineau (1853 ; Nabu Press, 2010).

Ce théoricien du racisme, inventeur de l'un des plus grands mythes du racisme, le mythe aryen, écrivit son célèbre essai en 1853, à un moment où l'idéologie raciale était en vogue. En effet, au XIXe siècle, les préjugés contre certaines « races », en particulier contre les Noirs, se développaient fortement, appuyés par le travail de chercheurs qui tentaient de donner une valeur scientifique à la notion de « race ».

Dans son *Essai sur l'inégalité des races humaines,* le comte de Gobineau, qui était également un diplomate, décrit les différentes caractéristiques des « races » blanche, jaune et noire, ce qu'il dénomme les « trois races primitives » : la couleur de la peau, la couleur et la texture des cheveux, la forme et la taille des crânes…, qu'il rapproche des caractéristiques psychiques, intellectuelles, morales… Ces théories conduisent Gobineau à une hiérarchisation de valeurs des « races » ou des groupes humains. C'est ainsi que, selon lui, « la race blanche a le monopole de la beauté, de l'intelligence et de la force », la « race noire a des facultés pensantes médiocres » et la « race jaune n'est qu'une ébauche du Créateur ».

L'*Essai sur l'inégalité des races humaines* a favorisé la montée du fascisme en Europe au début du XXe siècle, et a servi de référence au régime nazi pour justifier la barbarie et déculpabiliser la « race supérieure blanche ». De manière générale, la plupart des doctrines racistes apparues à la fin du XIXe siècle et au début du XXe siècle se sont réclamées des thèses de Gobineau. ¶

Haine

74 Si la peur et la haine sont des sentiments naturels communs à l'espèce humaine, le racisme en revanche n'est pas inné. On ne naît pas raciste. On le devient. Mais le racisme se construit bel et bien autour de la haine : haine de la différence, haine de l'Autre, haine de l'« étranger », qui n'est pas comme nous.

→ **Renvois :** antiracisme, antisémitisme, discrimination, lois contre le racisme, préjugés, ségrégation raciale, xénophobie.

→ **À lire :** ▲ *Le Racisme, une haine identitaire*, DANIEL SIBONY (Seuil, 2001)
■ *Le Racisme expliqué à ma fille*, suivi de *La Montée des haines*, TAHAR BEN JELLOUN (Seuil, 2009).

→ **À voir :** ● *American History X*, TONY KAYE (1998, DVD)
● *White Dog (Dressé pour tuer)*, SAMUEL FULLER (1982, DVD).

L'expression du racisme est multiple – préjugés, discrimination, xénophobie – et toutes les formes de racisme portent en elles une hostilité plus ou moins forte à l'encontre de l'Autre. Si le plus souvent ce sentiment d'hostilité se traduit par de l'agressivité, il peut parfois se muer en haine : une haine systématique et calculée dans le cas de l'idéologie raciste, et une haine « ordinaire » dans le cas d'une intolérance à l'égard de l'Autre qui ne doit pas exister.

La haine se manifeste de différentes manières : paroles haineuses, insultes, menaces verbales, mais aussi intimidations et violences physiques pouvant parfois conduire au meurtre. Le pire exemple en la matière étant les discours de haine proférés par les dirigeants nazis dans les années 1930 contre les Juifs, qui entraînèrent les pogroms (massacres de populations juives). À ce titre, on peut définir la haine raciste comme la négation de l'Autre qui est considéré au mieux comme quelqu'un d'inférieur, au pire comme un ennemi qui doit être combattu par tous les moyens possibles. Cet Autre est alors attaqué dans son être et dans son humanité, et, dans les cas extrêmes, la haine pousse à la négation radicale de l'Autre, à sa destruction symbolique et parfois à sa disparition physique.

La haine étant un sentiment humain, les discours de haine ont toujours existé. Mais c'est seulement au siècle dernier, après la Seconde Guerre mondiale, que certains États ont commencé à légiférer en vue de les interdire. Ainsi, toute parole ou tout écrit à caractère raciste est considéré comme un discours haineux destiné à intimider l'Autre (qui peut être une personne ou un groupe de personnes), à inciter à la violence et aux préjugés. En Europe en général et en France en particulier, la loi punit l'incitation à la haine raciale qui est le fait, par des discours, des écrits ou par tout autre moyen, d'inciter des individus à promouvoir le racisme. ¶

Immigration

76 Les migrations concernent toutes les formes de vie, des poissons aux humains, en passant par les oiseaux ou les grands herbivores sauvages. Mais depuis quelques décennies, l'immigration – le fait que des migrants entrent chez « nous » – pose problème...

→ **Renvois :** blagues, discrimination, extrême droite, ghetto, islamophobie, préjugés, statistiques ethniques, suprémacisme, xénophobie.

→ **À lire :** ▲ *Les Yeux grands fermés. L'immigration en France*, MICHÈLE TRIBALAT (Denoël, 2010) ▲ *L'Invention de l'immigré*, HERVÉ LE BRAS (Éditions de l'Aube, 2012). ▲ *Immigration, intégration. Le langage de vérité*, MALIKA SOREL-SUTTER (Fayard, 2011).

→ **À voir :** ● *Tous les autres s'appellent Ali*, RAINER WERNER FASSBINDER (1974, DVD) ■ *Sans papiers ni crayon*, MARIE BORRELLI (2006, DVD) ● *Dieu a-t-il quitté l'Afrique ?* MUSA DIENG KALA (2008, DVD) ● *Dirty Pretty Things*, STEPHEN FREARS (2002, DVD) ■ *Éden à l'ouest*, COSTA-GAVRAS (2009, DVD) ■ *Welcome*, PHILIPPE LIORET (2009, DVD).

Si les phénomènes migratoires ont toujours existé chez les hommes, force est de constater qu'ils sont, à l'évidence, devenus plus importants à mesure que le monde s'est industrialisé et qu'il est devenu globalisé. C'est ainsi que les migrations ont été favorisées par des moyens de transport plus modernes et plus rapides. En France, l'immigration de masse a commencé à se développer avec la révolution industrielle au XIXe siècle, puis n'a fait que croître jusque dans les années 1970. À chaque phase de croissance économique, la France a encouragé la venue de millions d'immigrés car elle manquait de main-d'œuvre. Les premières vagues d'immigration furent d'abord composées de migrants venant des pays limitrophes de la France : Belgique, Italie, Allemagne et Espagne essentiellement. Puis, après la Seconde Guerre mondiale et surtout à partir des années 1960 et 1970, outre les immigrés portugais et espagnols, ce furent principalement des immigrés d'Afrique du Nord et d'Afrique subsaharienne, originaires de pays colonisés par la France, qui vinrent travailler en France. Là encore, l'immigration fut encouragée par les pouvoirs publics, car elle permettait à la fois de développer des richesses et d'empêcher le vieillissement de la population et la baisse de la natalité française. Mais, à partir de la fin des années 1970, consécutivement aux premiers chocs pétroliers, à la chute de la croissance économique et à l'apparition du chômage, l'immigration a fortement diminué et changé de forme. Alors qu'auparavant on incitait les migrants à venir travailler en France car la main-d'œuvre manquait, à partir des années 1980, les gouvernements successifs ont régulé et limité les flux d'immigrés. Nous sommes donc passés d'une immigration incitée à une immigration subie.

La France, à l'instar de nombreux pays occidentaux, demeure aujourd'hui encore une terre d'immigration car elle offre l'espérance d'une qualité de vie meilleure que dans la plupart des pays d'où sont originaires les immigrés : les salaires sont plus élevés, les soins pour la santé sont encore accessibles à tous, de même que l'éducation pour les enfants. Mais, face à la crise économique et à la montée du chômage, les immigrés sont devenus des boucs émissaires. Certains partis et groupes politiques ou de réflexion ainsi que des intellectuels alimentent le rejet des immigrés en développant des idées hostiles à l'immigration. D'autres, liés à l'extrême droite, accusent les immigrés de tous les maux de la société : « Ils viennent prendre la place des Français », « ils prennent le travail des Français en acceptant de travailler plus et d'être moins payés », « ils profitent du système des allocations sociales », « ils ne s'intègrent pas pour des raisons religieuses ou culturelles »... L'immigré, cet « étranger » qui vient d'ailleurs et qui « n'est pas comme nous », est montré du doigt : il cristallise les peurs, les colères, la haine et le désespoir que la situation économique et sociale engendre. Les enfants d'immigrés, nés sur le sol français, sont également la cible du racisme sous toutes ses formes : discrimination, préjugés, xénophobie. À travers eux, l'idée selon laquelle l'immigration représenterait une menace pour l'identité de la France est réapparue. Cette idée n'est pas nouvelle et elle a été longtemps véhiculée par les thèses de l'extrême droite, notamment au début du XXe siècle, avec la stigmatisation des Juifs censés être la cause de tous les maux de la société de l'époque.

Depuis la fin des années 1980, la question de l'immigration est donc devenue une source de crispation et de tensions dans la société française. Sur le plan politique, différentes conceptions s'opposent. La droite prône une politique d'immigration très contrôlée, afin de restreindre les flux migratoires vers la France, ainsi qu'une immigration choisie ; ce qui signifie que les pouvoirs publics choisissent et privilégient les travailleurs immigrés qui parlent la langue française et qui, par leurs qualifications, permettent d'apporter un plus à la situation économique. La gauche, quant à elle, prône une politique plus souple, notamment à l'égard des immigrés sans papiers, et encourage leur régularisation massive. Plus encore, lors des élections présidentielles de 2012, François Hollande, candidat issu du Parti socialiste, a proposé que les étrangers vivant en France puissent voter aux élections locales. De façon générale, la gauche considère que l'une des spécificités de la France est d'être une terre d'accueil et d'asile, et que l'identité française s'est construite en grande partie avec les échanges et l'apport des populations immigrées venues s'installer en France depuis des siècles.

Enfin, une troisième voie politique, dite « souverainiste », voire nationaliste, préconise l'immigration zéro. Cette politique vise à mettre en place le concept de « préférence nationale », c'est-à-dire de privilégier les citoyens français pour l'accès au travail et au logement par exemple, au détriment des immigrés, et de restreindre drastiquement, voire d'interdire l'immigration. ¶

Insultes

Les insultes représentent l'une des manifestations les plus courantes du racisme. On parle alors d'injures racistes. Ce sont des expressions offensantes et méprisantes dirigées contre un individu ou un groupe humain, fondées sur des critères discriminants tels que la couleur de la peau. En France, mais aussi dans de très nombreux pays, les insultes racistes peuvent être punies par la loi.

→ **Renvois :** discrimination, Internet, lois contre le racisme, préjugés, sport, xénophobie.

→ **À lire :** ▲ *Le Racisme, une haine identitaire*, DANIEL SIBONY (Seuil, 2001) ● *Les Mots pour combattre le racisme*, VALÉRIE DUPUY (Milan, 2007).

Nous avons tous entendu ou lu des injures racistes, à l'école, au travail, dans la rue ou dans d'autres endroits publics : dans un café, sur Internet, à la télévision… L'insulte est une façon de montrer à l'Autre, en des termes blessants, qu'il est différent. En l'injuriant, on lui manque de respect, on le dévalorise et on stigmatise son ou ses particularismes. La question de la couleur de la peau revient souvent et l'idée de la « race » est toujours plus ou moins présente : « sale race », « sous-race », « sale Blanc », « sale Noir », « sale Arabe », « sale Juif »… Les adjectifs peuvent varier mais la finalité reste toujours la même : dénigrer l'Autre, le rabaisser.

Comme toutes les expressions du racisme, les injures sont considérées comme un délit au regard de la justice et, dans de très nombreux pays, les insultes racistes sont condamnées par la loi. En France, l'injure raciste est punie par la loi du 1er juillet 1972 relative à la lutte contre le racisme. De nombreux cas d'injures racistes tenues en public défraient régulièrement la chronique. En 2011, le styliste de la maison de couture Dior, John Galliano, a été condamné par la justice pour avoir proféré publiquement des insultes racistes et antisémites dans un bar parisien, tandis qu'en Angleterre des joueurs de football ont été très durement sanctionnés pour avoir lancé des injures racistes à d'autres joueurs d'origine africaine.

Cependant, les condamnations pour injures racistes restent rares, plus particulièrement lorsque ces injures sont tenues sur Internet. Ceci s'explique par la difficulté à réunir toute une série de critères nécessaires pour obtenir une condamnation. Cela signifie donc que la meilleure façon de lutter contre les insultes racistes passe par l'éducation et l'information plutôt que par la répression. ¶

Internet

82 Si Internet a incontestablement facilité l'accès à l'information et permis d'accroître la liberté d'expression, il est aussi devenu en quelques années une chambre de résonance pour les milieux d'extrême droite et les thèses racistes. Entre les contenus de certains sites, les réseaux sociaux et les commentaires des internautes, le Web a offert un espace à tous les racismes.

→ **Renvois :** antiracisme, discrimination, extrême droite, insultes, préjugés, xénophobie.

→ **À lire :** • *L'Internet de la haine : racistes, antisémites, néonazis, intégristes, islamistes, terroristes et homophobes à l'assaut du Web*, Marc Knobel (Berg International, 2012).
• www.internet-signalement.gouv.fr.

En 2010, le gouvernement français indiquait que près de 8 000 propos à caractère raciste et/ou xénophobe avaient été transmis au service des contenus illicites de l'Internet. Ce chiffre représentait 10 % des contenus illicites signalés en 2010 alors qu'il n'était que de 4 % en 2009. En réalité, les commentaires racistes sont omniprésents sur Internet, et il suffit de « surfer » quelques minutes sur les principaux réseaux sociaux pour découvrir des messages racistes.

Il semble que, par rapport au « monde réel », la Toile suscite plus facilement l'effet de groupe, favorisé par les communautés Internet. C'est ainsi que des personnes qui partagent les mêmes idées auront tendance à adopter des opinions plus tranchées dès lors qu'elles discuteront ensemble sur le Net. L'autre facteur pouvant expliquer ce phénomène est le relatif anonymat dont bénéficient les internautes à travers leurs pseudonymes et autres avatars. Se considérant « masqué », l'internaute aura tendance à croire qu'il peut transgresser plus facilement les interdits et donc se laisser aller à des commentaires xénophobes, des préjugés et autres stéréotypes racistes. L'explosion du racisme sur Internet serait également liée à la fameuse théorie des « cinq minutes de gloire » auxquelles chacun aspire ; en d'autres termes, faire le « buzz » en publiant notamment un commentaire choquant. Un commentaire raciste à la suite d'un article pourra ainsi potentiellement susciter de multiples réactions et procurer à son auteur le sentiment d'être célèbre ou au moins reconnu.

Mais Internet est aussi une puissante tribune pour les mouvements d'extrême droite, ainsi que pour les mouvances nationalistes. Le racisme et la xénophobie sont des thématiques phares de ces organisations, et même si de nombreux sites sont régulièrement interdits, rien ne peut s'opposer véritablement à la diffusion des idéaux racistes sur la Toile. ¶

Islamophobie

84 Si le terme « islamophobie » est apparu au début du XXe siècle, il est passé dans le langage courant depuis les attentats du 11 septembre 2001 aux États-Unis, revendiqués par le mouvement islamiste Al-Qaïda. L'« islamophobie » désigne le rejet et les formes d'exclusion que subissent les musulmans et/ou les personnes d'origine arabe et du Maghreb dans les pays occidentaux.

→ **Renvois :** discrimination, préjugés, xénophobie.

→ **À lire :** ▲ *La Nouvelle Islamophobie*, VINCENT GEISSER (La Découverte, 2003) ▲ *L'Islam imaginaire : la construction médiatique de l'islamophobie en France, 1975-2005*, THOMAS DELTOMBE (La Découverte, 2007) ▲ *Le mythe de l'islamisation. Essai sur une obsession collective*, RAPHAËL LIOGIER (Le Seuil, 2012)
● www.islamophobie.net (collectif contre l'islamophobie en France).

L'islamophobie, qui désigne littéralement la « peur de l'islam », est un mot-concept controversé qui traduit le rejet de l'islam et des musulmans. En effet, l'islamophobie est alimentée par des préjugés et des stéréotypes, à la source d'amalgames très préjudiciables : islam, Arabes, Maghrébins, musulmans, islamistes, terroristes, intégristes... La controverse porte donc sur cet amalgame car il est difficile de faire la part des choses quand le terme « islamophobie » est employé : islamophobie de type raciste contre les populations arabes, islamophobie de type religieux contre l'islam (avec la question du voile ou celle de la construction de mosquées), ou encore islamophobie de type xénophobe, tout ce qui touche à l'islam étant alors considéré comme « étranger ».

L'islamophobie est à remettre dans un contexte particulier, celui d'une guerre déclarée entre certains mouvements islamistes fondamentalistes et « jihadistes », dont Al-Qaïda, appelant à la guerre sainte, et l'Occident. Cette peur de l'islam, à la base de l'islamophobie, a été entretenue et renforcée par des attentats perpétrés par des « jihadistes » sur le sol français, avec notamment les crimes de Mohamed Merah à Toulouse en 2012. Ces actions violentes et spectaculaires ont jeté un discrédit sur la religion musulmane et renforcé les amalgames. Pour cette raison, il est fondamental de distinguer l'islam qui, comme toute religion, s'inscrit dans le respect de valeurs démocratiques, ouvertes et laïques, et l'islamisme qui instrumentalise le religieux à des fins politiques et idéologiques. L'islamophobie est ainsi devenue le plus souvent une peur incontrôlée qui se manifeste par une défiance, des discriminations à l'encontre de groupes humains, et qui n'a pas lieu d'être. Instrumentalisée par certaines organisations racistes, voire par certains partis politiques extrémistes, l'islamophobie a des racines communes avec le racisme et l'antisémitisme. ¶

King (Martin Luther)

86 Aux États-Unis, le pasteur Martin Luther King (1929-1968) fut, dans les années 1950-1960, le principal dirigeant de la lutte pour les droits civiques des Afro-Américains qui étaient victimes d'une politique de ségrégation et de discrimination raciales. Militant non violent, il fut assassiné à Memphis en 1968.

→ **Renvois :** *affirmative action*, Davis (Angela), Gandhi (Mohandas Karamchand), ségrégation raciale, X (Malcolm).

→ **À lire :** ▲ *Black Power*, MARTIN LUTHER KING (Payot, 2008)
● *Je fais un rêve*, MARTIN LUTHER KING (1963 ; Bayard, 1998)
▲ *Révolution non violente*, MARTIN LUTHER KING (1964 ; Payot, 2006)
■ *Cinq Discours pour penser libre* (dont le dernier discours de M.L. KING, inédit en français, Syros, 2010).

Au contraire de millions d'Afro-Américains qui vivaient dans des conditions très dures, Martin Luther King eut la chance d'être élevé dans une famille de la classe moyenne et il put entreprendre des études de philosophie ainsi que de théologie. Enfant de pasteur, il fut lui-même ordonné dans le temple de son père à Atlanta en 1947. Très érudit, il était notamment influencé par Henry David Thoreau, un penseur et poète américain opposé à l'esclavagisme, et Gandhi. En 1954, King s'installa dans la ville de Montgomery, en Alabama, dans le « Sud esclavagiste » des États-Unis. En tant que jeune pasteur, il fut rattaché à une église protestante. À Montgomery, la communauté noire subissait les lois ségrégationnistes en vigueur, et les violences contre les Afro-Américains étaient quotidiennes. En 1955, un événement allait contribuer à projeter Martin Luther King sur le devant de la scène. Le 1er décembre, Rosa Parks, une femme noire, refusa d'obéir au conducteur d'un bus de Montgomery, qui lui demandait de céder sa place à un Blanc. En effet, selon les lois en vigueur, les quatre premiers rangs des bus étaient réservés aux Blancs, et les Noirs devaient s'asseoir à l'arrière. S'il n'y avait pas assez de place, ils devaient quitter le bus. Plus encore, les Noirs devaient acheter leur billet à l'avant, mais étaient tenus de sortir avant de rentrer de nouveau par la porte arrière du bus pour accéder aux emplacements qui leur étaient attribués. Rosa Parks fut arrêtée, jugée et condamnée pour troubles à l'ordre public et pour violation des lois locales. En réaction, Martin Luther King réunit tous les membres influents de la communauté afro-américaine dans son église et organisa le boycott des bus de Montgomery. Le mouvement fut particulièrement suivi, et King proposa que le boycott soit prolongé jusqu'à ce que ces pratiques humiliantes cessent d'être imposées aux Noirs dans les autobus. Il dura trois cent quatre-vingt-deux jours, et la compagnie de bus, au bord de la faillite, cessa les mesures discriminatoires. Puis, en novembre 1956, la Cour suprême des États-Unis déclara inconstitutionnelles les lois imposant la ségrégation dans les transports. Dorénavant, les Noirs pouvaient prendre le bus dans les mêmes conditions que les Blancs.

C'est à partir de cet événement majeur que Martin Luther King devint le leader du mouvement de résistance des Afro-Américains. Surnommé « le nouveau Gandhi », il préconisait une « révolution non violente », en suivant notamment les préceptes que Gandhi avait expérimentés en Inde, afin d'obtenir des autorités américaines que les citoyens noirs aient les mêmes droits civiques que les Blancs. Mais pour atteindre son objectif, King devait d'abord persuader les Noirs de s'engager dans cette voie, alors que beaucoup d'entre eux préconisaient la violence qui leur semblait plus efficace. Orateur hors pair, il pouvait compter sur sa capacité de persuasion et il parcourut inlassablement le pays pour y diffuser ses idées. Il devait également convaincre les dirigeants blancs de l'écouter et de l'aider, en améliorant, par la loi, le sort des Noirs. Il se voulait un interlocuteur plus acceptable que Malcolm X, lequel prônait la contre-violence des Noirs face au « Pouvoir blanc ».

King enregistra de nombreux succès. Sous son influence, des *sit-in*, des manifestations pacifiques, furent organisés dans de nombreux États, principalement dans le Sud, par des étudiants et des travailleurs, pour dénoncer les injustices à l'encontre des Afro-Américains. Mais il y eut des milliers de manifestants arrêtés, et King lui-même fut souvent jeté en prison et parfois tabassé. Le Mouvement pour les droits civiques obtint la fin de la ségrégation raciale en plusieurs étapes à partir de 1954. En 1963, King prononça son discours le plus fameux, *I have a dream* (« Je fais un rêve »), un programme politique empruntant à la fois à l'antiracisme radical, à une vision chrétienne et humaniste, et à la « légende » des États-Unis, pays pionnier de la liberté. L'année suivante, il reçut le prix Nobel de la paix. Cependant, la situation des Afro-Américains n'évoluait pas aussi vite qu'il l'aurait souhaité. Il continua sa lutte, en Alabama et à Chicago, se déclara contre la guerre du Vietnam et en faveur de l'objection de conscience – le droit de refuser d'effectuer ses obligations militaires en raison de convictions personnelles. En 1968, il se rendit à Memphis pour y soutenir les éboueurs en grève à la suite de la mort accidentelle de deux d'entre eux. Le 3 avril, il y prononça un discours dans lequel il appelait les Afro-Américains à une très grande manifestation, la marche sur Washington pour le travail et la liberté. Il s'agissait de demander que le gouvernement fédéral « paie » le chèque en bois qu'il devait encore aux Afro-Américains – image de tout le travail fourni par les Noirs qui avaient œuvré à la construction du « rêve américain », sans aucune récompense en retour. Mais la radicalisation de son discours lui avait attiré de nombreux ennemis. Le lendemain, il fut assassiné par un ségrégationniste blanc. Sa disparition provoqua des émeutes dans tout le pays, et les circonstances de sa mort demeurent aujourd'hui controversées. ¶

Ku Klux Klan

90 Même si son influence a fortement chuté depuis la Seconde Guerre mondiale, le Ku Klux Klan (KKK), une organisation américaine qui prône la suprématie de la « race blanche », continue d'être un symbole du racisme. Lorsqu'on évoque son nom, on pense aux images inquiétantes de personnes cagoulées en blanc qui lynchent des Afro-Américains.

→ **Renvois :** antisémitisme, apartheid, couleur, discrimination, extrême droite, immigration, Internet, islamophobie, métissage, néoracisme, préjugés, ségrégation raciale, suprémacisme.

→ **À lire :** ▲ www.kkk.com (site officiel du Ku Klux Klan).

→ **À voir :** ▲ *La Naissance d'une nation*, D. W. GRIFFITH (1915, DVD)
● ***Ku Klux Klan : le Nouveau Visage***, ALEX JONES (2005)

Le KKK fut fondé en 1865, juste après la guerre de Sécession (1861-1865), par des soldats démobilisés des États du sud des États-Unis qui refusaient l'égalité civique des anciens esclaves noirs. Au lendemain de la guerre, le Sud esclavagiste, humilié par les nordistes, fut ruiné et ravagé par le chômage. Le KKK, qui était alors une association secrète, prit très vite de l'ampleur. L'objectif était de terroriser la population noire et de réaffirmer la suprématie de la « race » blanche par tous les moyens possibles : insultes, brimades, humiliations publiques, incendies criminels d'écoles et de maisons... Le KKK imposait également un régime de terreur à tous ceux, y compris les Blancs, qui soutenaient les Noirs ou les protégeaient. On estime ainsi que l'organisation fut à l'origine de milliers de meurtres. Pour mettre un terme aux violences du KKK, le général Grant fit voter par le Congrès une loi en 1871 qui interdisait son existence. Les membres du Klan rejoignirent alors d'autres structures extrémistes blanches.

Au début de la Première Guerre mondiale, le KKK réapparut sous la forme d'une association officielle. Il s'adressait à tous les WASP (*White Anglo-Saxon Protestants*), aussi bien du Nord que du Sud, pour défendre les valeurs de la « Nation blanche ». Soutenu par de nombreux hommes politiques, le KKK redevint une organisation très puissante qui comptait plus de 5 millions d'adhérents dans les années 1920. Cependant, la violence, et notamment les lynchages, fut de nouveau très vite le seul mode d'expression des membres du Klan. Aussi connut-il une nouvelle interdiction en 1928. Il réapparut une fois encore après la Seconde Guerre mondiale, dans les années 1950, pour s'opposer aux lois contre la ségrégation, mais il demeura marginal.

Aujourd'hui, le KKK est un groupuscule éclaté en plusieurs branches, toutes apparentées au mouvement *White Power* (« Pouvoir blanc »), proche des organisations d'extrême droite. ¶

1er septembre 1938, en Floride, des membres du Ku Klux Klan menacent des Afro-Américains, après que deux des leurs eurent été arrêtés pour homicide. © Bettmann/CORBIS

Ice
Cold

Lois contre le racisme

94 Dans la majorité des pays occidentaux, le racisme et la discrimination sont considérés comme des délits et sont donc susceptibles d'être punis par la loi. Mais l'expression du racisme peut prendre des formes insidieuses, notamment dans l'inégalité de traitement pour un accès au travail ou au logement. Or, toute victime doit pouvoir prouver qu'elle a subi des actes racistes. Ce qui est très difficile.

→ **Renvois :** antiracisme, antisémitisme, discrimination, droits de l'homme, égalité, islamophobie, ségrégation, Unesco.

→ **À lire :** • www.mrap.fr • www.licra.org • www.sos-racisme.org.

Depuis la fin de la Seconde Guerre mondiale, la communauté internationale a beaucoup travaillé sur la manière de combattre et d'interdire toute forme de racisme. Sur cette question, la France dispose de l'une des législations antiracistes les plus avancées au monde. Historiquement, dès 1881, la loi sur la liberté de la presse réprime la diffamation raciale. Elle est ensuite modifiée en 1972 dans le cadre d'un renforcement de l'appareil législatif relatif à la lutte contre le racisme et punit dorénavant « la provocation à la discrimination, à la haine ou à la violence, la diffamation et l'injure à raison de l'origine ou de l'appartenance raciale, ethnique, nationale ou religieuse, l'apologie et la contestation des crimes contre l'humanité » (loi Pleven). Par ailleurs, la loi de 1972 définit l'incitation à la haine raciale comme « le fait, par des discours, des écrits ou par tout autre moyen, de pousser d'autres personnes à modifier leur comportement vers du racisme ». Enfin, en 1990, la loi Gayssot étend le champ d'intervention de la lutte contre le racisme et punit tout acte raciste, antisémite ou xénophobe.

En Europe et dans de nombreux pays démocratiques, les discours incitant à la haine raciale et aux discriminations racistes sont considérés comme des crimes. Aux États-Unis, la loi est cependant plus souple, au nom de la liberté d'expression. Mais, de façon générale, même si la loi punit l'expression du racisme, elle n'a que très peu d'impact sur le racisme « banal » et les actes de discrimination quotidiens. Seule la prévention et l'éducation, à travers des campagnes d'information, représentent une véritable réponse au racisme sous toutes ses formes. En s'appuyant sur une pédagogie antiraciste à travers des actions multiculturelles, l'éducation à la citoyenneté dans les écoles peut ainsi permettre de montrer la richesse du mélange des cultures et favoriser le « bien vivre ensemble » dans le respect des différences. ¶

Lumières

96 Les Lumières, mouvement intellectuel et culturel, firent triompher la Raison sur l'obscurantisme en Europe aux XVIIe et XVIIIe siècles. Elles prônèrent le droit naturel, l'égalité entre les hommes, et combattirent l'oppression sous toutes ses formes. Mais si l'esclavage fut dénoncé par les philosophes de l'époque, à la fin du XVIIIe siècle, les mots « nègre » et « esclave » étaient toujours synonymes dans le dictionnaire français.

→ **Renvois :** abolition de l'esclavage, couleur, discrimination, droits de l'homme, esclavagisme, sauvagerie.

→ **À lire :** ▲ *Les Lumières, l'esclavage, la colonisation*, Yves Benot, Roland Desné, Marcel Dorigny (La Découverte, 2005).

À partir de la seconde moitié du XVIIe siècle et jusqu'à la fin du XVIIIe, des intellectuels et philosophes de nombreux pays européens critiquèrent l'ordre social établi, s'opposèrent aux pouvoirs royaux et au clergé, et prônèrent l'égalité entre les hommes. Pendant plus d'un siècle (le « siècle des Lumières »), ils s'engagèrent dans ce combat, et leurs prises de position devaient transformer le monde. Parmi les philosophes les plus célèbres, on retrouve Voltaire, Diderot, Montesquieu et Condorcet en France, Locke et Gibbon en Angleterre, Hume et Smith en Écosse, ou encore Kant et Mendelssohn en Allemagne. À l'origine d'un véritable renouveau intellectuel en Europe, ces penseurs insufflèrent l'idée majeure que le pouvoir politique résidait dans le peuple souverain et que, tout citoyen étant membre du peuple de plein droit, tous les citoyens étaient donc égaux devant la loi. Mais la réalité était tout autre. À cette époque, les bateaux négriers partaient de Saint-Malo, La Rochelle ou Nantes, chargés de tissus, d'alcool et d'armes, à destination des côtes africaines, pour troquer leur cargaison contre des captifs. Puis ils mettaient le cap sur les « îles françaises » des Caraïbes où les immenses plantations de canne à sucre réclamaient beaucoup de main-d'œuvre. Là, les captifs étaient vendus comme esclaves ou échangés contre des matières premières. Depuis 1685, à l'initiative de Colbert, les îles françaises étaient soumises à un édit du roi, le Code noir, encadrant juridiquement l'exercice de l'esclavage, où il était notamment précisé que l'esclave était un être « meuble », susceptible d'être acquis par un maître au même titre qu'un bien. Et si le Code noir devait à l'origine limiter les droits des « maîtres », il permettait en fait tous les abus.

En Europe, les philosophes des Lumières s'opposèrent avec véhémence à l'esclavage. En 1748, Montesquieu publia *De l'esprit des lois,* un essai dans lequel il dénonce particulièrement les massacres et persécutions des Amérindiens par les conquistadores au nom de la religion catholique, mais aussi l'esclavage et la traite négrière. Dans une partie intitulée « De l'esclavage des Nègres », il choisit la satire et tourne en dérision les esclavagistes, ce qu'il avait déjà fait dans ses célèbres *Lettres persanes*. Denis Diderot dénonça également avec virulence la traite négrière et s'opposa avec force à l'un des arguments avancés par les esclavagistes de l'époque, à savoir que « les esclaves étaient plus heureux en Amérique qu'ils ne l'étaient en Afrique ». Dans un ouvrage intitulé *Histoire des deux Indes*, Diderot attaque violemment la « bonne société esclavagiste » et qualifie la traite négrière de barbarie. D'autres philosophes, tels Voltaire et Condorcet, condamnèrent également fermement l'esclavage ; Voltaire, à travers plusieurs textes, dont le plus célèbre est la dénonciation des mutilations de l'esclave de Surinam dans *Candide,* mais on peut aussi citer son *Commentaire* sur *l'Esprit des lois,* où il félicite Montesquieu d'avoir condamné cette « odieuse pratique ». Pour autant, Voltaire ne fut pas toujours aussi critique, et des historiens estiment qu'il fit preuve de duplicité en s'enrichissant par le commerce des esclaves ; d'autres mettent en avant certains de ses écrits, notamment dans *Essais sur les mœurs et l'esprit des nations* : « Nous n'achetons des esclaves domestiques que chez les Nègres ; on nous reproche ce commerce. Un peuple qui trafique de ses enfants est encore plus condamnable que l'acheteur. Ce négoce démontre notre supériorité ; celui qui se donne un maître était né pour en avoir. » Condorcet, enfin, dénonça l'esclavage comme une « horrible barbarie » dès 1773 et essaya de faire abolir le Code noir en 1774. En 1781, il consacra un livre entier à la question, qu'il publia sous le nom de Joachim Schwartz (« Noir » en allemand), où il dit : « Mes amis, quoique je ne sois pas de la même couleur que vous, je vous ai toujours regardés comme mes frères. La nature vous a formés pour avoir le même esprit, la même raison, les mêmes vertus que les Blancs. » En 1788, Condorcet prit la présidence de la Société des amis des Noirs qui militait pour l'abolition immédiate de la traite des Noirs.

De façon générale, les philosophes des Lumières ont donc combattu l'esclavage et la traite négrière, et ont largement contribué, par leurs écrits, à précipiter l'abolition de l'esclavage dans le monde entier. Pour autant, de nombreux historiens considèrent que Voltaire, Condorcet, Montesquieu et même Diderot, tout en condamnant la traite négrière et l'esclavage, ont enfermé les Noirs dans leur couleur de peau et qu'ils ont véhiculé l'idée que les Noirs étaient des « bons sauvages ». Selon l'historienne Françoise Vergès, « d'un côté, on proclamait la liberté et l'égalité universelles ; de l'autre, on infériorisait les peuples que l'on entendait "civiliser". Lorsqu'un esclave était affranchi, on l'appelait "libre de couleur". Une précision inutile pour le Blanc, libre par définition. » ¶

Mandela (Nelson)

100 Celui que tous les Sud-Africains appellent « Madiba » fut l'un des grands acteurs de la lutte contre le système politique de l'apartheid en Afrique du Sud. Il est aujourd'hui une véritable « icône » et le symbole de la lutte contre le racisme et l'injustice dans le monde entier.

→ **Renvois :** apartheid, Gandhi (Mohandas Karamchand), ségrégation raciale.

→ **À lire :** ● *Un long chemin vers la liberté*, NELSON MANDELA (Le livre de poche, 1996).

→ **À voir :** ■ *Goodbye Bafana*, BILLE AUGUST (2007, DVD) ■ *Invictus*, CLINT EASTWOOD (2009, DVD).

Nelson Mandela est né en 1918 au sein d'une famille royale de l'ethnie Xhosa qui régnait sur une partie de la région du Transkei (aujourd'hui dans la province du Cap-Est). Premier membre de sa famille à aller à l'école, il devint avocat après avoir été diplômé de l'université de Fort Hare, la seule université du pays qui acceptait les Noirs. C'est pendant ses études de droit qu'il découvrit le nationalisme afrikaner et qu'il prit pleinement conscience de la ségrégation raciale qui sévissait dans son pays. Influencé par Gandhi qui avait été avocat en Afrique du Sud jusqu'en 1914, il se tourna vers la philosophie de la résistance non violente, une méthode pour lutter contre l'oppression, l'injustice et la colonisation.

En 1944, Mandela adhéra au Congrès national africain (ANC), un parti politique luttant pacifiquement contre la domination politique de la minorité blanche afrikaner et contre la ségrégation raciale. En 1960, le pouvoir afrikaner interdit l'ANC qui décida alors de créer une branche militaire et armée. Mandela en prit la tête et mena une campagne de sabotage contre des installations publiques et militaires. Arrêté en 1962 en compagnie d'une dizaine d'autres dirigeants de l'ANC, il fut condamné en 1964 à la prison à vie et aux travaux forcés.

Envoyé sur l'île-prison de Robben Island sous le numéro de matricule 46664, Mandela y resta dix-huit années. Il travailla notamment dans des carrières de chaux. Ses conditions de détention furent très dures, mais il continua de s'opposer aux autorités. Au sein de la prison, il organisa des mouvements de contestation et des grèves de la faim. Il profita également de ses années d'emprisonnement pour apprendre la langue et l'histoire des Afrikaners, afin de comprendre leur mentalité et de pouvoir ainsi préparer une potentielle négociation entre l'ANC, devenu un parti clandestin, et le pouvoir en place.

À partir de 1971, la pression internationale s'accentua contre le régime afrikaner, et Mandela devint populaire partout dans le monde. En 1982, il fut transféré dans une prison du Cap (l'une des villes historiques de l'Afrique du Sud), puis assigné à résidence dans une villa à partir de 1988. La même année, un immense concert, suivi par 600 millions de téléspectateurs, fut organisé à Wembley en Angleterre pour fêter ses 70 ans. Sous la pression internationale, le gouvernement sud-africain, dirigé par Frederik De Klerk, entama des négociations avec Mandela, qui fut libéré le 11 février 1990. L'événement fut retransmis à la télévision dans le monde entier. Dans le même temps, les interdictions concernant l'ANC et toutes les organisations anti-apartheid furent levées.

Les affrontements armés entre les différents mouvements anti-apartheid et les forces gouvernementales continuaient dans le pays, malgré l'annonce officielle de la fin de la lutte armée de l'ANC. De 1991 à 1994, Nelson Mandela et Frederik De Klerk menèrent des négociations pour l'élaboration d'une nouvelle Constitution. En juin 1991, le Parlement sud-africain vota la suppression des principales lois de l'apartheid. En 1993, Mandela et De Klerk reçurent ensemble le prix Nobel de la paix pour « leur travail pour l'élimination pacifique du régime de l'apartheid et pour l'établissement des fondations d'une Afrique du Sud nouvelle et démocratique ».

Le 27 avril 1994, à la suite des premières élections générales multiraciales largement remportées par l'ANC, Nelson Mandela fut élu président de la République d'Afrique du Sud. Cette date du 27 avril, surnommé le « jour de la liberté », devint un jour férié en Afrique du Sud. En 1999, à la fin de son mandat de président, il se retira de la vie politique. Il n'en resta pas moins très sollicité et surtout très écouté, aussi bien en Afrique du Sud que dans le monde entier, sur la question des droits de l'homme. ¶

Nelson Mandela, le 20 août 2001. Après avoir été président de la République d'Afrique du Sud de 1994 à 1999, Nelson Mandela s'est retiré officiellement de la vie publique en 2004. © Ulrich Baumgarten via Getty Images

Mein Kampf

104 Ouvrage écrit par Adolf Hitler alors qu'il se trouvait emprisonné à la suite de l'échec de son « putsch de la Brasserie » en 1924, *Mein Kampf* fut l'un des principaux outils de propagation des idées racistes des nazis en Allemagne.

→ **Renvois :** antisémitisme, mythe aryen, Solution finale.

→ **À lire :** ▲ *La Politique nazie d'extermination*, François Bédarida (Albin Michel, 1989) ▲ *Hitler : Essai sur le charisme politique*, Ian Kershaw (Gallimard, 1995).

La première partie est une autobiographie de Hitler. La seconde explique le programme nazi et développe les théories qui aboutiront à la « Solution finale » : le mythe aryen de la supériorité de la « race » allemande ; la nécessité d'un espace vital pour que cette « race » puisse s'épanouir ; la politique d'expulsion ou de destruction des éléments considérés comme hostiles aux Allemands. Hitler expose également clairement sa politique guerrière et son objectif d'écraser la France, considérée comme l'« ennemi à abattre ».

Composé dans une langue pauvre, dévoilant le caractère à l'évidence paranoïaque de son auteur, *Mein Kampf* a pourtant séduit une part importante du peuple allemand – et même d'autres nationalités, puisque le nazisme a eu des partisans dans tous les pays d'Europe et même au-delà. Hitler est incapable de reconnaître le caractère métissé du peuplement de l'Allemagne – issu, comme celui des autres pays européens, des différentes vagues de « barbares », tels que les Germains, les Huns, les Saxons, etc. – et de mesurer l'apport de chacun à la culture allemande de son époque.

Paru en 1925, *Mein Kampf* aurait été vendu à plus de 10 millions d'exemplaires en Allemagne jusqu'à la fin de la Seconde Guerre mondiale. Mais cet ouvrage a largement dépassé les frontières allemandes, et plus de 80 millions d'exemplaires auraient été écoulés dans le monde entier. Aujourd'hui, s'il est interdit de diffusion en Allemagne, *Mein Kampf* est autorisé à la vente en France à condition d'être précédé d'un avertissement (ordonnance de la cour de Paris du 11 juillet 1979) et on peut le trouver en ligne sur Internet. Ce livre, qui exprime des idées à l'origine de l'un des plus épouvantables massacres de toute l'histoire de l'humanité, reste ainsi disponible en tant que document historique. Rien ne garantit cependant qu'il ne servira pas un jour, à nouveau, de référence à des politiques racistes d'exclusion et de destruction. ¶

Métissage

106 Le terme « métisse » ou « métis » (selon le sexe) désigne une personne née de parents appartenant à deux groupes humains distincts et qui présentent des différences de phénotypes (ensemble des caractères observables d'un individu), notamment la couleur de la peau. Si la notion de métissage est très largement répandue dans les sociétés actuelles, elle n'en demeure pas moins controversée puisqu'elle part du principe qu'il existe différentes « races » au sein de l'espèce humaine.

→ **Renvois :** génétique, *Mein Kampf*, mythe aryen, *world music*.

→ **À lire :** • *Histoire du métissage*, NELLY SCHMIDT (La Martinière, 2003) • *Métis, métisse, métissage. De quoi parle-t-on ?* ANAÏS FAVRE (Afromundi, 2011) ▲ *Le Commencement d'un monde : vers une modernité métisse*, JEAN-CLAUDE GUILLEBAUD (Seuil, 2008).

→ **À voir :** ■ *Devine qui vient dîner*, STANLEY KRAMER (1967, DVD) ■ *Métisse*, MATHIEU KASSOVITZ (1993, DVD).

La notion de métissage est apparue sous ce vocable au XIIIe siècle, pour désigner le croisement de deux espèces différentes, d'abord végétales puis animales. Mais c'est seulement au XIXe siècle que le concept de métissage biologique et culturel s'est développé. Pendant longtemps, l'unité des différents groupes humains qui constituent l'espèce humaine fut caractérisée par le « sang ». Selon les croyances et autres symboliques humaines, le sang représente l'appartenance à un groupe spécifique. La « pureté » du sang a ainsi été et reste l'un des thèmes majeurs des théories raciales. Or le métissage représente, à l'opposé, un mélange des sangs (le terme « métissage » vient du latin *mixtus,* signifiant « mélangé ») et les Métis sont souvent dénommés des « sang-mêlé ». Sur le plan idéologique, dès l'Antiquité, les Grecs et les Égyptiens ont cherché à préserver leur « groupe » en s'opposant au « mélange » des sangs. Au XXe siècle, la question de la « pureté » de la « race » fut érigée en doctrine sous le régime nazi, et le métissage fut condamné. Aujourd'hui, le métissage est toujours rejeté par les tenants des thèses racistes qui subdivisent l'espèce humaine en « races » distinctes, ce qui n'a aucun sens.

Dans certains pays, le « statut » de Métis est officiellement en vigueur pour désigner des personnes dont les parents sont de « races » différentes. Ainsi, aux États-Unis, les Métis sont répertoriés selon les catégories « multiracial » (« issu de plusieurs races »), ou *two or more races* (« issu d'au moins deux races »). En Occident, le métissage s'est fortement développé dans la seconde moitié du XXe siècle avec l'immigration, si bien qu'on peut qualifier de multiculturelles les sociétés au sein desquelles vivent de nombreux groupes humains différents. Ce phénomène a en partie banalisé la question du métissage et, pour certains observateurs, il est plus juste de parler de pluri-identité que de métissage. ¶

Minorités visibles

108 La notion de « minorités visibles » est apparue en France au début des années 2000, pour inciter à la mise en place d'une politique de discrimination positive (*affirmative action*) en faveur des populations dites immigrées et de leurs descendants. Cette expression désigne en fait des minorités essentiellement reconnaissables par leur apparence physique, et en particulier la couleur de leur peau.

→ **Renvois :** *affirmative action*, antiracisme, couleur, discrimination, égalité, immigration, métissage, préjugés, ségrégation raciale, statistiques ethniques.

→ **À lire :** • *Minorités visibles en politique*, Esther Benbassa (CNRS Éditions, 2011).

Le concept de « minorités visibles » est né au Canada, où la loi sur l'équité en matière d'emploi définit les minorités visibles comme des groupes de personnes qui ne sont pas de « race blanche » ou qui n'ont pas la peau blanche. C'est ainsi que les « minorités visibles » sont listées par groupes humains : Chinois, Sud-Asiatiques, Noirs, Latino-Américains, Arabes, Asiatiques occidentaux, Japonais… En France, l'INED (Institut national des études démographiques) désigne par « minorités visibles » les immigrés non européens ainsi que les personnes nées dans les départements d'outre-mer et leurs enfants. Mais on parle plus facilement d'« immigrés » ou de « jeunes issus de l'immigration », voire de « jeunes issus de la diversité ». Ce concept de « minorités visibles » a pour objectif de dénoncer les discriminations dont sont victimes certains groupes de la population et de remédier à leur sous-représentation dans certains secteurs de la société, tels que les médias, la publicité, la politique, la fonction publique, l'université… En ce sens, il permet de favoriser la discrimination positive (*affirmative action*). Les minorités les plus « visibles », c'est-à-dire essentiellement reconnaissables par la couleur de leur peau, sont en effet les premières à être victimes de discriminations. Ainsi, les immigrés et enfants d'immigrés originaires d'Afrique subsaharienne seraient les plus touchés, suivis par ceux du Maghreb, de Turquie et d'Asie.

Mais, comme tout concept touchant au racisme, celui des « minorités visibles » ne fait pas l'unanimité. Pour certains, ces mesures seraient démagogiques, c'est-à-dire édictées avant tout dans le but de plaire à une partie de l'électorat, et pourraient induire une discrimination à rebours à l'encontre de la population majoritairement « blanche ». Pour d'autres enfin, l'expression « minorités visibles » favorise un peu plus encore la stigmatisation de certains groupes à cause de la couleur de leur peau et renforce ainsi les discriminations à leur encontre. ¶

Mythe aryen

110 Le mythe aryen est l'une des innombrables légendes inventées par les hommes pour expliquer leurs origines. Ces mythes sur les lignées ancestrales développent tous le même thème – nous venons de ce qu'il y a de plus prestigieux – et tous nous accordent des origines nobles, héroïques, mythiques ou même divines.

→ **Renvois :** antisémitisme, Gobineau (Joseph Arthur de), *Mein Kampf*, Solution finale.

→ À lire : ▲ *Le Mythe aryen*, LÉON POLIAKOV (Calmann-Lévy, 1971).

Les Français ont longtemps cru qu'ils descendaient des Francs parce que ceux-ci avaient brisé la domination des Romains et vaincu les peuples « barbares », jusqu'au moment où il devint plus valorisant de dire qu'ils descendaient des Gaulois, ce qui « prouvait » leur caractère indomptable face à l'Allemagne impériale (à partir de 1870)... Les textes de la Bible ne diffèrent pas, sur ce plan, des autres mythes, puisqu'ils donnent de notre origine la plus prestigieuse des explications : Dieu. Ils s'en distinguent cependant sur un point fondamental : pour la Bible, nous sommes tous les descendants d'Adam ; il n'y a donc qu'une seule humanité. La science moderne prouve cette unicité absolue de l'humanité – même si elle contredit la Bible sur de nombreux autres points. À l'inverse, la quasi-totalité des autres mythes nient l'unicité de l'humanité : les familles, les peuples, les « races » auraient des origines diverses. L'origine aryenne de la « race » blanche est l'un de ces innombrables mythes à partir desquels les idées racistes ont été élaborées. Le concept de « race aryenne » a réellement vu le jour à partir du XIXe siècle et a connu son apogée sous le régime nazi dans la première partie du XXe siècle.

En Inde, le terme « Aryens » désigne les peuples que l'on suppose être arrivés par le nord il y a plusieurs millénaires et qui ont chassé vers le sud les peuples « dravidiens ». Les Aryens se seraient installés sur la rive occidentale de l'Indus, un fleuve qui prend sa source dans l'Himalaya et qui est considéré comme l'une des sept rivières sacrées de l'Inde. Les langues indo-européennes, comme le hindi ou le français, issues du sanskrit, seraient celles des Aryens, tandis que les langues dravidiennes parlées dans le sud de l'Inde, comme le tamoul ou le malayalam, ne font pas partie de cette famille linguistique. Au XIXe siècle, des chercheurs reprirent ces travaux et établirent que le peuple aryen aurait conquis une partie du monde avant de se métisser au contact des populations conquises. Seuls quelques « Aryens purs » auraient subsisté.

Une mythologie était née. Au début du XXe siècle, ce mythe fut récupéré par Hitler qui allait le propager à travers son livre *Mein Kampf*. Selon Hitler, la « race aryenne » aurait notamment engendré la « race germanique », supérieure en tous points aux autres, « inférieures », parmi lesquelles les Latins, les Slaves, les Juifs… Le mythe aryen tel que le présentait *Mein Kampf* postulait que seule la « race aryenne » était porteuse de civilisation, tandis que les « Nègres » et les Sémites visaient par tous les moyens à affaiblir les Aryens. Selon Hitler, les Allemands étaient les meilleurs représentants de cette « race », parce que, à la différence des Britanniques et des Français, ils n'avaient pas été « abâtardis » par l'introduction des « Nègres » – allusion au fait que la Grande-Bretagne et la France avaient un immense empire colonial, contrairement à l'Allemagne. Pour marquer les esprits et afficher la suprématie du « peuple aryen » sur le reste du monde, Hitler et ses acolytes choisirent comme emblème le svastika, un symbole indo-européen, qui devint la croix gammée nazie, ainsi baptisée parce qu'elle évoque la lettre grecque gamma démultipliée. En Inde, le svastika symbolise l'éternité… ¶

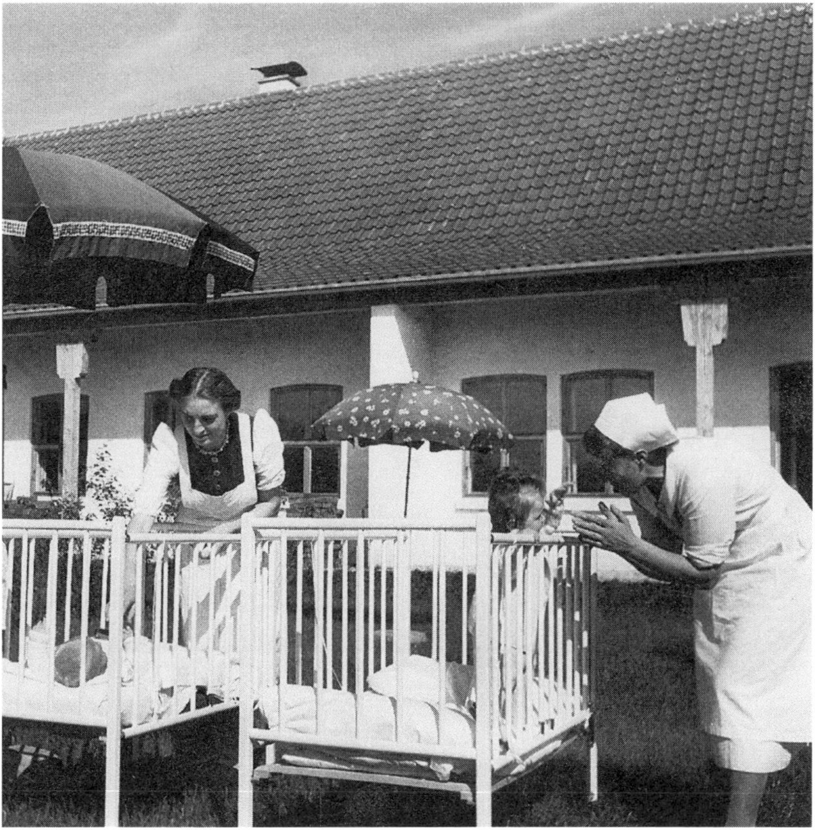

Lebensborn à Ebersberg près de Munich en Allemagne en 1940 : des nourrices allemandes prennent soin de « nouveaux-nés aryens ». Les *Lebensborn*, dont le premier établissement fut créé par Heinrich Himmler en 1936, étaient des institutions qui avaient pour but d'augmenter le taux de naissance d'enfants « aryens » en permettant à des filles-mères allemandes d'accoucher anonymement et de remettre leur nouveau-né à la SS qui en assurerait la charge puis l'adoption en vue de constituer l'élite du futur « Empire de 1000 ans ». © Suddeutsche Zeitung/Rue des Archives

Néoracisme

114 Le néoracisme ou « racisme différentialiste » est un concept mis en avant en Europe par des penseurs nationalistes sous l'appellation « différentialisme », « ethnodifférentialisme » ou encore « ethnopluralisme ». Il défend la notion de différences ethniques et milite pour un non-mélange des ethnies et des cultures : un « chacun chez soi » proche de l'exclusion.

→ **Renvois :** immigration, métissage, minorités visibles, « race » humaine.

→ **À lire :** ▲ *La Force du préjugé. Essai sur le racisme et ses doubles*, PIERRE-ANDRÉ TAGUIEFF (1988 ; Gallimard, 1990).

Le « racisme différentialiste » prône la reconnaissance d'un héritage culturel propre à chaque peuple ou ethnie, qui doit être pris en compte et défendu par les institutions politiques. Ce mouvement, né au début des années 1970 en France, à une époque où l'immigration était importante, pose le principe que, s'il n'y a pas de hiérarchie des « races » et des cultures, en revanche celles-ci ne doivent pas se mélanger mais demeurer séparées et cloisonnées. Ce principe est posé au nom du « droit à la différence » et du « droit des peuples à disposer d'eux-mêmes ». Mais, pour certains chercheurs, ce concept peut conduire au repli ethnique, communautaire et religieux, et s'apparenter à une forme de sacralisation de la différence en interdisant tout mélange entre les ethnies ; d'où l'appellation de « néoracisme » ou de « racisme différentialiste ».

Pour les défenseurs de cette thèse, la reconnaissance des différences, dès lors qu'elle ne se fait pas à partir de la couleur de la peau mais essentiellement à partir des traditions, des modes de vie, des religions, incite au respect de l'Autre. De plus, elle n'oblige pas les communautés minoritaires à perdre leur identité au sein de l'ethnie majoritaire. Les tenants du « racisme différentialiste » s'opposent ainsi à la notion d'universalisme qui soutient, selon eux, l'abolition des différences et des particularismes. C'est aussi une façon de se démarquer de l'idéologie du « même », autrement dit de « refuser » que tous les humains adoptent les mêmes formes de pensée et de culture, et que l'humanité soit unique. À ce titre, le « racisme différentialiste » soutient les concepts de communautarisme et d'autonomisme.

Pour autant, ce respect des différences *via* le « chacun chez soi » peut potentiellement induire une forme d'exclusion et de discrimination. ¶

Obama (Barack)

116 En 2008, l'élection de Barack Obama comme président des États-Unis d'Amérique a eu un grand retentissement dans le monde entier. Les médias et les observateurs politiques de tous bords ont mis en avant qu'il était le premier président « noir » à accéder au poste suprême. Symbolique à bien des égards, cette élection a entraîné des réactions très contrastées à partir de considérations racialistes, voire racistes.

→ **Renvois :** couleur, discrimination, esclavagisme, extrême droite, King (Martin Luther), métissage, néoracisme, ségrégation raciale, suprémacisme.

→ **À lire :** ▲ *Les Rêves de mon père : l'histoire d'un héritage en noir et blanc*, BARACK OBAMA (1995 ; Points, 2008) ▲ *De la race en Amérique*, BARACK OBAMA (2008 ; Lansman, 2010) ▲ *Barack Obama : un nouveau visage pour l'Amérique*, JACQUES PORTES (Payot, 2008).

Au début du XXIe siècle, la question de la couleur de la peau au sein de l'espèce humaine demeure un enjeu de poids. Ainsi, en 2008, l'élection de Barack Obama, né d'une mère américaine (blanche) et d'un père kenyan (noir), en tant que 44e président des États-Unis, a suscité d'innombrables réactions. Bien qu'il soit métis mais considéré comme « noir » aux États-Unis, selon la classification ethnoraciale en vigueur, la plupart des médias du monde entier ont salué l'élection d'Obama comme celle du « premier président noir américain ». Si Barack Obama avait été blanc, on peut parier qu'il n'aurait pas été fait mention de sa couleur de peau.

Dans les faits, l'élection d'Obama, qui est souvent assimilé à un Afro-Américain, a été un véritable symbole dans un pays qui fut esclavagiste (Obama a été élu un peu moins de cent cinquante ans après l'abolition de l'esclavage aux États-Unis), ségrégationniste et dont l'égalité des droits civiques ne fut accordée aux Afro-Américains qu'à la fin des années 1960. Son élection a donc été synonyme d'une revanche des « opprimés » sur les « oppresseurs ». Elle a également porté l'espoir d'une plus grande égalité des chances, avec l'idée que l'on peut accéder aux plus hautes fonctions dans le pays où l'on vit, même si l'on appartient à une minorité « ethnique ». Cela a d'ailleurs relancé le débat, en Europe et particulièrement en France, sur la place accordée aux « minorités visibles » à des postes importants de la fonction publique et au sein de la représentation nationale.

***A contrario*, l'élection de Barack Obama a paradoxalement montré que la couleur de la peau demeurait la pierre angulaire du racisme banal.** Aux États-Unis, depuis son élection, le nombre de sympathisants des mouvements nationalistes et suprémacistes blancs, dont le Ku Klux Klan, a considérablement augmenté. ¶

Préjugés

118 Les préjugés sont vieux comme le monde, et Jean-Jacques Rousseau avait coutume de dire : « La raison, le jugement viennent lentement, les préjugés accourent en foule. » C'est particulièrement vrai dans le cas du racisme, où les préjugés font d'énormes dégâts.

→ **Renvois :** antisémitisme, discrimination, islamophobie, Tsiganes, xénophobie.

→ **À lire :** ▲ *La Force du préjugé. Essai sur le racisme et ses doubles,* PIERRE-ANDRÉ TAGUIEFF (1988 ; Gallimard, 1990).

→ **À voir :** ■ *Devine qui vient dîner,* STANLEY KRAMER (1967, DVD) ■ *Le Mur invisible,* ELIA KAZAN (1947).

En 2010, un sondage révélait que 49 % des Français estimaient que les « étrangers savent mieux profiter du système de protection sociale que les autres », que 28 % considéraient les Noirs comme étant plus forts physiquement que les autres et que 30 % pensaient que les Juifs avaient plus d'influence que les autres dans la finance et les médias. Voilà trois exemples de préjugés à caractère raciste portant sur des groupes de personnes.

Un préjugé, c'est un jugement de valeur inconsidéré ou une idée préconçue que l'on a sur une personne ou un groupe de personnes, sans vraiment les connaître. Le préjugé est donc une idée admise, sans qu'elle ait été confrontée à des faits ni démontrée, et il est le plus souvent accepté comme une vérité absolue. Les préjugés sont transmis par l'environnement social dans lequel nous évoluons et ils sont très ancrés dans les mentalités. Souvent, ils sont la conséquence d'une paresse intellectuelle ou du conformisme social : plutôt que de vérifier les informations ou de se faire sa propre idée, il est plus simple de reprendre des « jugements tout faits ».

Les préjugés raciaux se fondent sur des stéréotypes. La réalité est simplifiée, sans tenir compte des différences individuelles. Les stéréotypes sont une généralisation simplifiée appliquée à un groupe humain dans son ensemble : « Les Blancs sont racistes », par exemple. Or, les stéréotypes induisent les préjugés et, bien souvent, ils visent à justifier la conduite d'un groupe humain vis-à-vis d'un autre groupe.

Combattre le racisme passe donc par la lutte contre les préjugés. Déjà, en 1918, Gandhi déclarait, après avoir passé de nombreuses années à se battre contre le racisme dont étaient victimes les Indiens en Afrique du Sud : « Les préjugés ne peuvent être détruits par la législation… Ils ne sauraient céder que grâce à un labeur patient et à l'éducation. » ¶

Campagne de l'ONU (Organisation des Nations Unies)
« Je dis NON au racisme ! ».

Sur www.letsfightracism.org, chacun peut télécharger et diffuser une série d'images nous interrogeant sur nos préjugés. © Département de l'information, Nations Unies

QI

122 Le QI, ou « quotient intellectuel », est le résultat d'une série de tests psychologiques, évalué entre 0 et 200. Il est censé indiquer le niveau intellectuel de la personne qui a passé le test par rapport à une population de référence. Pour les tenants modernes du racisme « scientifique », il peut y avoir une corrélation entre le niveau du QI et les « races » blanche, jaune, noire, juive...

→ **Renvois :** antiracisme, Darwin (Charles Robert), discrimination, eugénisme, génétique, Gobineau (Joseph Arthur de).

→ **À lire :** ▲ *La Mal-mesure de l'homme*, STEPHEN JAY GOULD (1981 ; Le livre de poche, 1997).

À la fin du XIXe siècle, Francis Galton, un scientifique britannique à l'origine de l'eugénisme, commença à s'intéresser à la mesure de l'intelligence. Mais c'est en 1890 que les premiers travaux virent le jour avec James McKeen Cattell, un chercheur américain. Ce dernier imagina une série d'épreuves destinées à mesurer les capacités intellectuelles d'un groupe d'étudiants, le *Mental Test.* Puis, en 1905, à la demande de l'État français, les chercheurs Alfred Binet et Théodore Simon élaborèrent une échelle métrique de l'intelligence, permettant de calculer l'âge mental des enfants en échec scolaire. Ces premiers tests furent ensuite améliorés, notamment par Wilhelm Stern, un chercheur allemand à l'origine de l'expression « quotient intellectuel ». Le principe du QI consiste à répondre à des questions de langage, de logique, de mémoire, selon des thématiques et dans un temps donné. Les résultats sont ensuite commentés par un psychologue et comparés aux résultats de l'ensemble d'une population. En France, la moyenne du QI se situe autour de 100. Le niveau de 80 serait la limite de la « normalité », tandis que les « surdoués » auraient un QI supérieur à 140.

Au début du XXe siècle, des scientifiques ont conclu que le QI était déterminé génétiquement, et des études ont estimé qu'il était différent selon que l'on était de « race » blanche ou noire, ou encore de « race juive ». Ce débat reste d'actualité. En 1980, Robert Klark Graham, un généticien américain proche des thèses eugénistes, a créé une banque du sperme réservée aux personnes présentant les plus hauts QI. Dans les faits, les tests de QI permettent surtout de mettre en lumière l'adaptabilité d'une personne à des raisonnements logiques, simples et complexes. Il mesure donc certaines aptitudes et renseigne sur une partie de l'intelligence d'un individu par rapport à une population donnée. Mais il n'est en aucun cas une mesure exhaustive de l'intelligence humaine qui est multiple. ¶

« Race » humaine

124 Quand on veut désigner les êtres humains, on a tendance à parler de la « race humaine », ce qui est un abus de langage. Nous faisons en fait partie d'une espèce, l'espèce humaine dite *Homo sapiens*. Le concept de « race » pour caractériser les différents groupes humains, que ce soit par la couleur ou la morphologie, n'a donc aucun fondement.

→ **Renvois :** antiracisme, Darwin (Charles Robert), discrimination, eugénisme, génétique, Gobineau (Joseph Arthur de), préjugés.

→ **À lire :** ▲ *L'Imaginaire racial*, Frédéric Monneyron (L'Harmattan, 2004) ▲ *L'Humanité au pluriel. La génétique et la question des races*, Bertrand Jordan (Seuil, 2008) ▲ *Homo. Histoire plurielle d'un genre très singulier*, Claude-Louis Gallien (PUF, 2002).

→ **À voir :** ■ *L'Odyssée de l'espèce*, Jacques Malaterre, Yves Coppens (2003, DVD).

Le concept de « race » ne s'est réellement développé qu'au XIXe siècle, alors que certains scientifiques essayaient de mettre en évidence une hiérarchisation des groupes de population qui constituaient l'humanité. Ces travaux sont à remettre dans le contexte de l'époque, lorsque l'Occident commençait à afficher sa suprématie sur le reste du monde, tant sur les plans économique, militaire que culturel. C'est ainsi que le terme de « race » a été employé improprement pour désigner des groupes humains qui se différenciaient par la couleur de la peau (« race blanche, « race noire », « race jaune »), par la religion (« race juive ») ou encore par l'appartenance à un territoire géographique précis (une région ou une zone géographique délimitée, par exemple). Ce concept de « race » a été notamment utilisé à des fins de domination et d'oppression, et a ainsi permis d'affirmer la supériorité de la « race » blanche sur les autres « races ». Alimenté par des idées fausses, des contre-vérités pseudo-scientifiques et des mythes populaires, il continue malheureusement encore à marquer les esprits et à alimenter les théories racistes actuelles.

Pourtant, le génie génétique nous a appris que tous les êtres humains partagent le même patrimoine génétique à 99,9 %, ce qui signifie qu'aucune population humaine ne possède exclusivement des gènes propres. La mixité génétique de l'espèce humaine est telle que, si vous avez besoin d'un don d'organe, vous avez autant de chance de trouver un donneur compatible dans votre famille en France par exemple qu'au Japon, en Argentine, au Kenya ou encore en Alaska.

Les *Homo sapiens* forment donc une seule et même espèce, composée de groupements humains qui se distinguent par une communauté de langue et de culture, et par une zone géographique. ¶

Sauvagerie

126 La sauvagerie est une manière de désigner l'« état de nature », mais le choix même de ce mot n'est pas neutre : il implique la férocité des mœurs, la cruauté ou la barbarie. Si l'on se place d'un point de vue ethnologique, le terme de « sauvages » n'est que l'une des nombreuses façons de désigner les « peuples originaires », « peuples racines », premiers ou primitifs.

→ **Renvois :** discrimination, Lumières, préjugés, Valladolid (controverse de), Vénus hottentote, zoos humains.

→ **À lire :** ▲ *La Passion de détruire : anatomie de la destructivité humaine*, Erich Fromm (Robert Laffont, 2001).

Pour Jean-Jacques Rousseau (1712-1778), l'« état de nature, antérieur à toute civilisation » est celui du bonheur et de la vie harmonieuse ; c'est ainsi que vivent les « bons sauvages », et c'est en ce sens que les ethnologues emploient ce mot. La thèse de Rousseau s'oppose radicalement à celle de Thomas Hobbes (1588-1679) qui affirme lui que « l'homme est un loup pour l'homme », et que la sauvagerie est l'état duquel l'humanité doit chercher à s'échapper par la civilisation, en confiant le pouvoir au « Léviathan » – qui symbolise l'État ou le roi. À l'époque des Lumières, la « sauvagerie » était également l'un des termes favoris de certains philosophes. Hegel (1770-1831), qui était attaché à leurs principes, disait lui-même que « le Nègre représente l'homme naturel dans toute sa sauvagerie ». Bien plus près de nous, les films sur les peuples primitifs, tel *Cannibal Holocaust* (Ruggero Deodato, 1980), associent les peuples « originaires » à l'horreur et à la « bestialité ».

L'« état de nature » serait ainsi un état très ancestral, sans règles, ni paix, ni bonheur. À partir de ce présupposé, démenti par la totalité des études ethnologiques, s'établit une « hiérarchie » des cultures et des civilisations humaines, sur laquelle s'appuient les racistes pour justifier la supériorité de telle ou telle « race ». Pourtant, la grande majorité des ethnologues s'accordent pour trouver, dans chaque culture humaine, des valeurs communes, particulièrement la recherche du bien-être et le partage de certains tabous liés à l'exercice de la violence ou à l'inceste. Ces tabous qu'ont en commun toutes les sociétés humaines sont bien la preuve que l'« état de nature » n'est pas une forme de férocité et de destructivité générales. À l'inverse, les pays les plus développés ont tendance à démontrer, notamment à travers les guerres modernes, une « passion de détruire » qui dépasse, et de beaucoup, celle des peuples « sauvages » considérés comme les plus cruels. ¶

Ségrégation raciale

128 S'il n'est pas évident au premier abord de faire la différence entre la ségrégation raciale et la discrimination raciale, il faut savoir que la ségrégation repose avant tout sur le « pouvoir d'exclusion ».

→ **Renvois :** antisémitisme, apartheid, discrimination, King (Martin Luther), X (Malcolm), xénophobie.

→ **À lire :** • *J'irai cracher sur vos tombes*, Boris Vian (1946 ; Le livre de poche, 1997)
• *Black Boy*, Richard Wright (1945 ; Gallimard, 1974)
• *Dans la peau d'un Noir*, John Howard Griffin (1961 ; Gallimard, 1976)
• *Tête de Turc*, Günter Wallraff (1985 ; Livre de Poche, 1987).

→ **À voir :** ▪ *Dans la chaleur de la nuit*, Norman Jewison (1967, DVD)
▪ *Devine qui vient dîner*, Stanley Kramer (1968, DVD) ▪ *Mississippi Burning*, Alan Parker (1988) ▪ *Loin du paradis*, Todd Haynes (2002).

L'une des caractéristiques majeures de la ségrégation est la séparation de groupes de populations (sur des critères discriminatoires, tels que la couleur de la peau ou l'origine géographique) au sein de la société, en les confinant dans des aires ou des espaces particuliers.

L'un des exemples les plus récents est celui des bantoustans en Afrique du Sud, lors de l'apartheid : les populations noires étaient parquées dans des régions spécifiques, séparées des Blancs qui détenaient les pouvoirs politique et économique. Dans ce cas précis, la ségrégation raciale était une ségrégation d'État puisqu'elle était encadrée par la loi. De façon générale, la ségrégation raciale est donc une séparation organisée par un groupe majoritaire, au détriment d'un groupe minoritaire ou d'un groupe discriminé à l'intérieur d'un même pays. La séparation peut être physiquement radicale, comme dans le cas des bantoustans, ou plus insidieuse, lorsqu'on interdit par exemple aux groupes discriminés l'accès aux restaurants, écoles, cinémas…

Historiquement, des politiques ségrégationnistes ont été mises en place dans un cadre légal pendant la période de l'esclavage, notamment aux États-Unis. Et, bien que l'esclavage ait été aboli en 1865 et que la Constitution américaine ait accordé le statut de citoyens aux Noirs américains, la ségrégation raciale persista jusque dans les années 1960. Mais d'autres pays ont pratiqué la ségrégation raciale, soit officiellement, soit officieusement : l'Australie avec les Aborigènes, l'Allemagne pendant le régime nazi à l'encontre des Juifs, des Noirs et des Roms, mais aussi le Japon avec le peuple aïnou.

En France, dans les années 1960, le phénomène de ségrégation « ethnoraciale » a été rendu visible aux yeux de tous lorsque des immigrés nord-africains ont manifesté contre leurs conditions de vie dans des bidonvilles. ¶

Solution finale

130 La « Solution finale » fut le nom de code donné par les responsables nazis à l'extermination des Juifs d'Europe pendant la Seconde Guerre mondiale. C'est lors de la conférence de Wannsee (dans la banlieue de Berlin) en 1942 que furent adoptées les modalités de la « Solution finale » : un processus industriel d'extermination programmé et organisé qui entraîna la mort de 6 millions de Juifs.

→ **Renvois :** antisémitisme, ghetto, *Mein Kampf*, mythe aryen.

→ **À lire :** ● *Si c'est un homme*, PRIMO LEVI (1947 ; Pocket, 1988)
● *La Trêve*, PRIMO LEVI (1963 ; Le livre de poche, 2003)
▲ *La « Solution finale » dans l'histoire*, ARNO J. MAYER (La Découverte, 2002)
▲ *La Destruction des Juifs d'Europe*, RAUL HILBERG (1961 ; Folio, 2008)
▲ *Le Savoir-Déporté*, ANNE-LISE STERN (2004 ; Points Seuil, 2007).

→ **À voir :** ● *Shoah*, CLAUDE LANZMANN (1985, DVD)
● *Nuit et brouillard*, ALAIN RESNAIS (1955, DVD).

Dès 1920, le programme du Parti nazi stipulait que les Juifs devaient être isolés de la population « aryenne » et qu'on devait les déposséder de leurs droits. Après l'accession au pouvoir de Hitler en 1933, l'État allemand mit en place une législation antijuive qui se renforça avec les lois de Nuremberg en 1935, privant les Juifs allemands de la citoyenneté du Reich et leur interdisant de se marier ou d'avoir des rapports sexuels avec des personnes de « sang allemand ».

À la suite du pogrom (massacre) de la Nuit de cristal en 1938, où plus de 2 000 Juifs furent assassinés et 30 000 déportés en camps de concentration, les Juifs furent séparés physiquement de leurs concitoyens allemands. Puis, au début de la Seconde Guerre mondiale, après l'invasion de la Pologne par les troupes allemandes en 1939, ce racisme d'État s'étendit à tous les Juifs des pays annexés. La politique antijuive évolua alors en un programme de déportation et d'internement de tous les Juifs d'Europe, d'abord dans des ghettos puis dans des camps. Les premiers meurtres de masse de communautés juives commencèrent en 1941 après l'invasion allemande de l'Union soviétique. Puis, en 1942, la décision d'exterminer les Juifs d'Europe fut entérinée, avec la mise en application d'un processus industriel planifié et organisé : une « solution complète à la question juive ». Des camps d'extermination furent créés, principalement en Pologne, dont Belzec, Sobibor, Treblinka, Auschwitz-Birkenau, Maïdanek et Chelmno. Les Juifs les moins vaillants, ceux qui ne pouvaient pas travailler, étaient directement envoyés dans des chambres à gaz, d'autres étaient gazés dans des camions à gaz mobiles. La « Solution finale » consista ainsi à exterminer les Juifs d'Europe par gazage et par fusillades de masse. Six millions de Juifs furent assassinés, soit les deux tiers de la population juive vivant en Europe. Ce génocide porte le nom de « Shoah », ce qui signifie « catastrophe » en hébreu. ¶

Sport

132 Si le sport permet de mettre en relation des personnes, de les faire jouer ensemble, de leur apprendre à respecter des règles communes, il n'est que le reflet de la société dans laquelle il existe, aussi bien de ses valeurs que de ses maux, dont le racisme. Parfois, le sport peut renforcer les préjugés et les stéréotypes racistes.

→ **Renvois :** antiracisme, discrimination, extrême droite, préjugés, xénophobie.

→ **À lire :** • *Contre le racisme dans le foot*, PIERRE-LOUIS BASSE (Mango Sport, 2004) • *Noirs en bleu : le football est-il raciste ?* JEAN-YVES GUÉRIN, LAURENT JAOUI (Anne Carrière, 2008) ▲ *Champions noirs, racisme blanc : la métropole et les sportifs noirs en contexte colonial (1901-1944)*, TIMOTHÉE JOBERT (PUG, 2006).

→ **À voir :** ■ *Le Plus Beau des combats*, BOAZ YAKIN (2000, DVD) ■ *Ali*, MICHAEL MANN (2001, DVD) ■ *Les Chariots de feu*, HUGH HUDSON (1981, DVD).

La question du racisme dans le sport est présente depuis l'avènement du sport moderne, vers la fin du XIXᵉ siècle. Le sport comme spectacle, avec l'apparition des stades et la part prépondérante du public et des supporters, peut parfois exacerber les sentiments de discrimination, de xénophobie et faire le jeu du racisme. Comme lors des jeux Olympiques de Berlin en 1936, où le régime nazi a voulu démontrer sa toute-puissance au monde entier avec une mise en scène grandiose et la promotion de son « idéal d'homme nouveau », voire de surhomme, incarné par le « mythe aryen ». Promotion mise à mal par les quatre médailles d'or remportées par l'athlète noir américain Jesse Owens, qui infligea un véritable camouflet à Hitler, alors présent dans le stade.

Le sport, par sa prédominance dans la société, peut aussi être un moyen de dénoncer le racisme. Ainsi, aux jeux Olympiques de Mexico en 1968, deux coureurs noirs américains, Tommie Smith et John Carlos, arrivés premier et troisième du 200 mètres, protestèrent depuis le podium contre la ségrégation raciale aux États-Unis en baissant la tête et en dirigeant leur poing ganté de noir vers le ciel.

Aujourd'hui, le racisme est toujours très présent dans le sport. Les matchs de football notamment sont parfois l'occasion, pour le public, de déchaînement de passions, d'émotions mais aussi de débordements et d'agressivité, où le racisme a largement sa place. C'est le plus souvent le fait de supporters liés à des groupes racistes d'extrême droite, comme en France ou en Italie, qui se servent du stade comme d'une caisse de résonance pour afficher leur idéologie.

Pour sensibiliser les opinions publiques, de grandes campagnes sont menées par les mouvements sportifs internationaux, dont le réseau FARE (*Football Against Racism in Europe*), « Dites non au racisme » et *Speak Out Against Discrimination.* ¶

Ci-dessus : Affiche « Footballresistance » réalisée par l'agence CLM/ BBDO à l'occasion d'un concours organisé par l'agence Cart'Com. Direction créative : Jean-François Sacco, Gilles Fichteberg. Conception : Matthieu Barrère. Direction artistique : Raphaël Ghisalberti. Ce travail a reçu le Prix Cart'Com 2007, le Grand prix de l'affichage et le Prix de la campagne citoyenne. © CLM/BBDO, Paris, France

Sur la page de gauche : Le 16 octobre 1968, les sprinters américains Tommie Smith (médaille d'or) et John Carlos (médaille de bronze) montent sur le podium du 200 mètres et lèvent un poing ganté de noir vers le ciel tout en fixant le sol pendant que retentit l'hymne américain. Par cet acte, les athlètes dénoncent la ségrégation raciale et les injustices qui frappent les Afro-Américains aux États-Unis. Les images de cet instant ont fait le tour du monde. Il faut préciser qu'à l'époque, Tommie Smith et John Carlos ont été exclus de leur équipe et renvoyés du village olympique dans la nuit suivant la cérémonie. © Popperfoto/Getty Images

Statistiques ethniques

136 Certains pays occidentaux, dont les États-Unis, utilisent des critères ethniques et raciaux dans les grandes enquêtes statistiques : amérindien, asiatique, afro-américain, hawaïen ou océanien, blanc mais également hispanique ou latino. En Europe, la législation diffère selon les pays. Depuis 2010, l'usage des statistiques ethniques est autorisé en France, mais elles restent très encadrées et sujettes à de nombreuses controverses.

→ **Renvois :** *affirmative action*, antiracisme, couleur, discrimination, égalité, immigration, minorités, préjugés, ségrégation raciale.

→ **À lire :** ▲ *Le Retour de la race. Contre les « statistiques ethniques »*, Élisabeth Badinter, Hervé Le Bras et collectif (L'Aube, 2009) ▲ *Les Identités meurtrières*, Amin Maalouf (1998 ; Le livre de poche, 2001).

Si, pour de nombreux acteurs (chercheurs, associations, organisations politiques) qui travaillent sur les questions d'immigration, d'intégration, de cohésion sociale et d'identité nationale, les statistiques ethniques peuvent permettre d'appréhender la « diversité » et de mettre au jour les discriminations à l'encontre de certains groupes humains qui constituent la société française, pour d'autres, elles remettent en cause l'un des fondements de la Constitution française, à savoir l'égalité des chances et des individus. Plus encore, les statistiques ethniques peuvent être utilisées, voire instrumentalisées par les pouvoirs publics pour contrôler la politique d'immigration et établir des quotas selon les différents groupes humains.

Mais qu'est-ce qu'une ethnie ? De façon générale, l'ethnie est considérée comme un groupement humain homogène ayant une langue, une culture, des valeurs et des traditions communes. Or, ce concept étant imprécis, d'autres critères sont pris en compte, dont la morphologie et la couleur de la peau, comme c'est le cas aux États-Unis ou en Grande-Bretagne. En France, la loi interdit l'utilisation dans les statistiques de données sensibles telles que la religion ou les origines « ethnoraciales ». Seules sont prises en compte les origines des parents, et, depuis 2010, les enquêtes de l'INSEE (Institut national de la statistique et des études économiques) et de l'INED (Institut national d'études démographiques) peuvent par exemple comparer la situation sociale des « enfants d'immigrés algériens » avec celle des « descendants de migrants de l'Est », ou encore celle des enfants de « père congolais et mère française »... Ces données étant récoltées à partir de questionnaires anonymes, de nombreuses associations estiment que les statistiques ethniques représentent le seul moyen de prouver et de répertorier les discriminations subies par certains groupes humains à l'embauche ou encore pour se loger. ¶

Suprémacisme

138 Le suprémacisme est une croyance dans la suprématie, entendue comme la supériorité, d'une « race » par rapport aux autres « races ». Deux types de suprémacisme existent et s'affrontent : le « suprémacisme blanc » et le « suprémacisme noir ». Le « suprémacisme blanc » est cependant beaucoup plus développé, essentiellement en Amérique du Nord, en Europe, en Russie, en Australie, en Afrique du Sud et en Amérique latine.

→ **Renvois :** antisémitisme, apartheid, couleur, discrimination, extrême droite, immigration, Internet, islamophobie, Ku Klux Klan, métissage, néoracisme, préjugés, ségrégation raciale.

→ À voir : • *Ku Klux Klan* : le *Nouveau Visage* ALEX JONES (2005).

L'idéologie politique du suprémacisme blanc prend ses racines dans les thèses du XIXe siècle qui défendaient la notion de hiérarchie des « races ». De nombreux groupuscules et organisations d'extrême droite, nationalistes et néonazis prônent ainsi la suprématie sociale et politique de la « race » blanche sur toutes les autres « races » : c'est le *White Power*, ou « Pouvoir blanc ».

Le suprémacisme blanc revendique ouvertement une idéologie raciste fondée sur le concept de nation « ethniquement pure », composée uniquement de populations blanches. Certaines organisations s'en réclamant sont également antisémites. Aux États-Unis, si le Ku Klux Klan est la plus célèbre organisation suprémaciste blanche, de très nombreux groupes se revendiquant du « mouvement nationaliste blanc » ont émergé depuis l'élection de Barack Obama à la présidence du pays. Leurs représentants essaient d'accéder, certains avec succès, à des mandats officiels, pour défendre leurs idées. Selon eux, la crise économique, la hausse du chômage et l'immigration clandestine sont à mettre sur le compte de la « présidence noire », et les « Blancs » doivent reprendre le pouvoir. Le suprémacisme blanc est également présent en Europe, à travers les organisations nationalistes et d'extrême droite, mais demeure relativement marginal.

En réaction à la ségrégation raciale à l'encontre des Afro-Américains aux États-Unis et pour s'opposer au suprémacisme blanc, un suprémacisme noir, incarné par la notion de *Black Power,* le « Pouvoir noir », s'est développé à travers certaines organisations politiques dont Nation of Islam. Cette puissante organisation politique et religieuse défend un nationalisme afro-américain inspiré des mouvements nationalistes noirs du début du XXe siècle. Selon Nation of Islam, les Blancs représentent une « race inférieure », créée par sélection artificielle à partir de la « race première noire ». ¶

Tolérance

140 Si la question du « vivre ensemble » fait partie du fondement de toute vie en société, le « vivre ensemble malgré nos différences » est devenu la règle des sociétés multiculturelles actuelles. La tolérance est donc le maître mot de cette conduite, et tolérer l'Autre, c'est avant toute chose le respecter et respecter ses différences : anatomiques, culturelles, religieuses...

→ **Renvois :** antiracisme, discrimination, néoracisme, préjugés, xénophobie.

→ **À lire :** ● *La Tolérance*, JULIE SAADA-GENDRON (Flammarion, 1999)
▲ *La Mécanique raciste*, PIERRE TEVANIAN (Dilecta, 2008).

« Vivre ensemble malgré nos différences » est un slogan qui est apparu dans les années 1980 en France, à l'initiative de mouvements antiracistes, alors que la société française devenait une société multiculturelle. Cette formule sous-entendait qu'il fallait faire preuve de tolérance face à des différences d'ordre culturel entendues comme des façons de vivre autrement que le groupe majoritaire. Il faut cependant distinguer deux approches de la tolérance, distinctes l'une de l'autre. La première, défendue par des organisations antiracistes telles que le MRAP (Mouvement contre le racisme et pour l'amitié entre les peuples) ou SOS Racisme, prône une tolérance des différences dans une société mélangée, où chacun aura, malgré ses différences, une égalité des chances et surtout des droits. La seconde, en revanche, soutenue par des courants « différentialistes », met en avant la tolérance et le « respect des différences » dans le « chacun chez soi », ce qui induit une forme d'exclusion et de discrimination.

Alors, quelle tolérance ? La tolérance active, qui reconnaît les différences de l'Autre, qui les accepte et les respecte, ou la tolérance passive, qui admet ces différences parce qu'il n'y a pas le choix ? La tolérance se définit en fait comme la capacité de prendre sur soi, de faire un effort et de laisser exister ce qui nous est désagréable. De plus, quand on parle de tolérance, on sous-entend qu'il y a un seuil de tolérance, soit une limite au-delà de laquelle on ne tolère plus. Ce qui signifie qu'on est prêt à accepter les différences de l'Autre jusqu'à un certain point. Si l'antiraciste est de fait tolérant, le raciste pourra donc également être tolérant jusqu'à un certain point. Et si la tolérance ne permet pas de dépasser le racisme, elle permet cependant d'engager un processus de compréhension de l'Autre et de ses différences, et à terme de vaincre peut-être les préjugés. ¶

Tsiganes

142 Les Tsiganes, que l'on dénomme également Gitans ou Kalé, Manouches ou Sinté, Roms, Yéniches, Bohémiens ou encore Romanichels, ont été et sont aujourd'hui encore victimes de rejet, de discrimination, voire de ségrégation.

→ **Renvois :** discrimination, préjugés, ségrégation raciale, Solution finale xénophobie.

→ **À lire :** • *Tsiganes : sur la route avec les Rom Lovara*, JAN YOORS (Phébus, 2011).

→ **À voir :** ■ *Le Temps des Gitans*, EMIR KUSTURICA (1989, DVD)
■ *Chat noir, chat blanc*, EMIR KUSTURICA (1998, DVD)
■ *Les Princes*, TONY GATLIF (1983, DVD) ■ *Latcho Drom*, TONY GATLIF (1993, DVD)
■ *Gadjo Dilo*, TONY GATLIF (1997, DVD) ■ *Liberté*, TONY GATLIF (2010, DVD).

Ceux que l'on appelle communément les « gens du voyage » viennent de différents pays d'Europe. Les Manouches sont installés en France depuis plusieurs siècles, les Gitans sont d'influence espagnole et les Roms, de grands voyageurs, viennent d'Europe centrale (Bulgarie, Hongrie, Roumanie).

Historiquement, les Tsiganes, originaires de l'Inde du Nord, ont commencé à émigrer au XIVe siècle vers l'Europe. S'ils furent plutôt bien accueillis dans les villes où ils faisaient escale, à partir du XVe siècle, leur mode de vie nomade commença à déranger et à inquiéter les populations. Ils étaient alors considérés comme des vagabonds et étaient accusés de nombreux maux : vol de poules et de bétail, vol de bijoux, et parfois vol d'enfants. Dans tous les pays d'Europe, des décrets furent mis en place pour les expulser et les forcer à se sédentariser. En France, au XVIIe siècle, le roi Louis XIV décréta que tous les Bohémiens devaient être arrêtés et envoyés aux galères. Aux Pays-Bas, au XIXe siècle tous les Tsiganes furent expulsés du pays. Au XXe siècle, lorsque les nazis s'emparèrent du pouvoir en Allemagne, ils décrétèrent que les Tsiganes étaient « racialement inférieurs » et que l'Allemagne devait devenir *zigeunerfrei,* « libre de tout Tsigane ». Victimes d'une véritable politique génocidaire, comme les Juifs, les Tsiganes furent pourchassés, déportés et le plus souvent assassinés.

Aujourd'hui, les Tsiganes sont toujours victimes de rejet et de discrimination. Depuis l'entrée de la Roumanie et de la Bulgarie dans l'Union européenne, les Tsiganes sont soumis à un statut juridique particulier. S'ils ne bénéficient pas du principe de libre circulation européen, ils se déplacent plus facilement et, pour travailler officiellement, ils ont besoin d'un titre de séjour et d'une autorisation de travail. Depuis 2007, au nom de la sécurité, la France et l'Italie ont expulsé des milliers de Tsiganes. ¶

Unesco

144 Au lendemain de la Seconde Guerre mondiale, l'Unesco (Organisation des Nations unies pour l'éducation, la science et la culture) entreprend un vaste programme de lutte contre le racisme, intitulé « La question des races ». Il s'agit alors de combattre le racisme sur tous les plans.

→ **Renvois :** antiracisme, antisémitisme, apartheid, discrimination, droits de l'homme, préjugés, ségrégation raciale, xénophobie.

→ **À lire :** • www.unesco.org/bpi/pdf/memobpi29_racism_fr.pdf (dossier « Lutter contre le racisme »).

Ce programme fait suite à des travaux déjà commencés en 1933 lorsque, peu après la prise de pouvoir par Hitler, une réunion de scientifiques avait alerté sur la menace que constituaient les doctrines de la supériorité raciale pour la paix mondiale.

En 1949, au sein de l'Unesco, de nombreux intellectuels et chercheurs (anthropologues, ethnologues, sociologues), dont Claude Lévi-Strauss, se réunissent pour préparer une première « déclaration sur la race ». Elle est adoptée au mois de décembre et déclare que « l'humanité est une et que tous les hommes appartiennent à la même espèce, *Homo sapiens.* Il est en outre communément admis que tous les hommes sont issus vraisemblablement d'une même souche [...] ».

La « déclaration sur la race » définit une « race » comme « un groupe ou une population caractérisé par certaines concentrations, relatives quant à la fréquence et à la distribution, de gènes ou de caractères physiques qui, au cours des temps, apparaissent, varient et souvent même disparaissent sous l'influence de facteurs d'isolement géographiques ou culturels ». Elle soutient qu'on ne peut « établir de classification raciale que sur des caractères purement physiques et physiologiques » ; que « rien ne justifie l'opinion selon laquelle les groupes humains diffèrent les uns des autres par des traits psychologiques innés », et que « le niveau des aptitudes mentales est à peu près le même dans tous les groupes ethniques » ; que « rien ne prouve que le métissage, par lui-même, produise de mauvais résultats sur le plan biologique », et que, « sur le plan social, les résultats, bons ou mauvais, auxquels il aboutit sont dus à des facteurs d'ordre social » ; que « ni la personnalité ni le caractère ne relèvent de la race », et que, dans le langage courant, le mot « race » est employé de manière erronée, pour « tout groupe humain arbitrairement désigné comme tel ». ¶

Valladolid (controverse de)

146 Bien qu'elle ait eu lieu au XVIe siècle, la controverse de Valladolid est toujours célèbre pour les questions qu'elle a soulevées sur l'impérialisme et ses conséquences sur les peuples assujettis. Elle a également permis de mettre en évidence, à travers le cas des Indiens d'Amérique, la problématique de l'altérité, c'est-à-dire du rapport à l'Autre.

→ **Renvois :** colonisation/décolonisation, discrimination, esclavagisme, Lumières, « race » humaine, sauvagerie.

→ **À lire :** ● *La Controverse de Valladolid*, JEAN-CLAUDE CARRIÈRE (1992 ; Pocket, 2012) ▲ *La Controverse entre Las Casas et Sepúlveda*, BARTOLOMÉ DE LAS CASAS (Vrin, 2007).

→ **À voir :** ■ *La Controverse de Valladolid*, JEAN-DANIEL VERHAEGHE (1992, DVD).

Au début du XVIe siècle, les Espagnols et les Portugais colonisent le « Nouveau Monde ». Les Indiens sont décimés par les maladies propagées par les conquérants et sont massacrés dès qu'ils s'opposent à la confiscation de leurs terres. Quand ils échappent à la mort, ils deviennent les esclaves des nouveaux colons. En effet, selon le système de l'*encomienda,* chaque colon, en fonction de son rang et de sa fortune, a droit à un certain nombre d'Indiens. Mais des missionnaires chrétiens dénoncent l'*encomienda,* et le pape Paul III condamne l'esclavage des Indiens en 1537. La polémique prend de l'ampleur. Charles Quint, empereur germanique, prince des Pays-Bas, roi de Sicile et roi d'Espagne, interdit à son tour l'esclavage puis promulgue des lois destinées à protéger les indigènes. Il soutient la politique expansionniste, pour des questions économiques, mais il souhaite légitimer la colonisation par la pacification plutôt que par la force. Cependant, les colons espagnols, soutenus par des groupes économiques influents, ne cèdent pas. En réaction, Charles Quint suspend sa politique de conquête et réunit dans la ville de Valladolid en Espagne des juristes et théologiens pour traiter de la question du processus de colonisation et du traitement des Indiens. Au cours des débats qui s'étaleront de 1550 à 1551, deux hommes s'opposent : d'un côté, Bartolomé de Las Casas, un dominicain, ancien évêque au Mexique, et, de l'autre, Juan Ginés de Sepúlveda, un grand théologien très proche de l'empereur.

Las Casas estime que les Indiens respectent la nature, vivent selon des principes naturels et sont propriétaires de leurs terres. À l'opposé, Sepúlveda estime que les Indiens sont des barbares cruels et sont finalement des « esclaves par nature ». Si ce débat, parfois très virulent, n'empêcha pas la politique de conquête de reprendre, il posa les fondements de la critique de l'impérialisme. ¶

Vénus hottentote

148 L'histoire de Saartjie Baartman (1789-1815), surnommée la « Vénus hottentote » ou la « Vénus noire », illustre la manière dont les Européens appliquèrent et développèrent le concept de « races inférieures ».

→ **Renvois :** zoos humains.

→ **À lire :** • *L'Énigme de la Vénus hottentote*, GÉRARD BADOU (Lattès, 2000)
• *La Vénus hottentote*, BARBARA CHASE-RIBOUD (Albin Michel, 2004).

→ **À voir :** ▲ *Vénus noire*, ABDELLATIF KECHICHE (2010, DVD)
■ *Elephant Man*, DAVID LYNCH (1980, DVD).

Saartjie Baartman (de son vrai nom Sawtche) est née en 1789 au sein du peuple khoïkhoï (dénommé « hottentot » par les Afrikaners), les plus anciens habitants de la région sud de l'Afrique. Victime d'une hypertrophie des hanches, des fesses et du sexe, elle fut emmenée à Londres par un fermier boer (son « maître ») et l'un de ses associés qui voulaient l'exhiber et tenter de faire fortune. Ils lui promirent de l'argent en échange, qu'elle ne reçut jamais. Sur place, le succès fut immédiat : la foule se pressa pour voir la « Vénus hottentote ». Certains spectateurs pinçaient ou piquaient ses fesses proéminentes, et elle devint une véritable « bête de foire ».

Vendue à un marchand d'animaux qui exhibait des singes et un ours, elle fut ensuite contrainte d'animer des salons libertins à Paris. Son physique fascinait les naturalistes et autres chercheurs, et certains voyaient en elle l'évolution de l'orang-outan. Georges Cuvier, considéré comme l'un des « pères de l'anatomie moderne », disait d'elle : « Je n'ai jamais vu de tête humaine plus semblable à celle des singes. » Alors qu'elle se produisait dans le quartier de Port-Royal, Saartjie contracta une pneumonie. Elle mourut quelques mois plus tard à l'âge de 25 ans. Mais son histoire ne s'arrêta pas là pour autant. Georges Cuvier effectua un moulage de son corps puis disséqua ses fesses et ses organes génitaux qui furent ensuite conservés dans du formol. Son squelette et ses restes furent exposés pendant l'Exposition universelle de 1889 pour la célébration du centenaire de la Révolution française. Puis ils furent remisés au musée de l'Homme à Paris.

En 1994, Nelson Mandela, devenu président de la République d'Afrique du Sud, demanda la restitution de la dépouille de Saartjie. Mais ce n'est qu'après huit années de batailles juridiques et diplomatiques que la « Vénus noire » revint dans sa province natale, où un dernier hommage lui fut rendu en 2002. ¶

World music

La *world music* ou « musique du monde » est apparue au début des années 1980, dans le cadre de grandes manifestations contre le racisme telles que la « marche des Beurs » en France ou la mobilisation internationale contre le régime de l'apartheid en Afrique du Sud. Si l'appellation *world music* reste controversée, elle représente cependant un courant musical, fondé sur la fusion de musiques et de cultures différentes.

→ **Renvois :** antiracisme, couleur, discrimination, égalité, immigration, métissage.

→ **À écouter :** • sites Internet d'artistes musiciens world music tels que Abdel Aziz El Mubarak, Ali Farka Touré, Johnny Clegg, Nusrat Fateh Ali Khan, Peter Gabriel, Tinariwen, Youssou N'Dour.

C'est en Grande-Bretagne puis en France que la *world music* a connu ses premiers succès. Ces musiques du monde, qui perpétuent des formes musicales puisées dans la tradition orale (Maghreb, Afrique subsaharienne, Caraïbes, Inde, Asie du Sud-Est, Amérique latine...), sont réorchestrées selon des codes artistiques contemporains. Elles sont le résultat de mélanges, de fusions de différentes musiques, et certains parlent de « musique métissée ».

Aujourd'hui, la *world music* s'est imposée comme une réalité culturelle, économique et commerciale dans le monde entier. Elle se veut une musique contemporaine, ayant vocation à être largement diffusée, d'autant plus qu'elle a bénéficié des mutations technologiques et notamment d'Internet. La *world music* est censée exprimer la diversité des musiques populaires ou s'en inspirer en les mixant par les moyens techniques les plus modernes. Elle est destinée à des publics très divers, ouverts aux autres, en quête d'« exotisme ». D'une certaine façon, la *world music*, qui s'affranchit des frontières, a suivi l'évolution du monde et elle est au diapason des sociétés multiculturelles occidentales.

Pour autant, la *world music* est controversée et son contenu est ambigu car cette appellation peut aussi bien désigner des musiques dites « ethniques » et folkloriques (ce qui sous-entend une délimitation sur les plans géographique et culturel) que des musiques complètement « métissées » à vocation planétaire. Sous la dénomination *world music,* on trouvera ainsi des musiques traditionnelles pygmées, malgaches, indiennes, tout comme du raï, de la rumba congolaise, mixés avec des rythmes de musique « pop » occidentale. Si beaucoup de personnes estiment, à raison, que la *world music* est une dénomination « fourre-tout », il n'en demeure pas moins qu'elle a contribué à mettre en lumière la très grande diversité des cultures du monde et de leurs expressions musicales. ¶

X (Malcolm)

152 Malcolm X (1925-1965) est un symbole de la lutte violente et radicale des Afro-Américains contre le racisme blanc. Dans ses derniers discours, Malcolm X sut mobiliser des foules de militants noirs américains contre le racisme.
Il mourut assassiné.

→ **Renvois :** *affirmative action*, apartheid, Davis (Angela), discrimination, King (Martin Luther), Ku Klux Klan, ségrégation raciale.

→ **À lire :** ▲ *Le Pouvoir noir*, MALCOLM X (La Découverte, 2008)
▲ *Nous, les Nègres*, MALCOM X (La Découverte, 2008)
● *Malcolm X parle aux jeunes : discours aux États-Unis, en Grande-Bretagne et en Afrique*, MALCOLM X (Pathfinder Press, 2011).
■ *Malcolm X : Pensez par vous-mêmes*, PHILIPPE GODARD (Syros, 2006)

→ **À voir :** ■ *Malcolm X*, SPIKE LEE (1992, DVD).

Malcolm Little est né dans une famille très impliquée dans le combat antiraciste. Son père fut assassiné par des racistes blancs en 1931, et la famille sombra ensuite dans la misère et le drame. Malcolm fut retiré à sa mère et recueilli par une famille de Noirs de religion protestante ; sa mère en perdit la raison et fut internée dans un hôpital psychiatrique. Malcolm, déçu dans ses espoirs de promotion sociale, devint un petit délinquant, se fit arrêter et se retrouva en prison en 1946. Il y resta jusqu'en 1952.

La prison fut une véritable école politico-religieuse pour Malcolm, qui se convertit à l'islam et montra un vif intérêt pour les thèses d'un groupe religieux extrémiste, Nation of Islam. Celle-ci prônait la séparation des Noirs et des Blancs, et demandait qu'une partie des États-Unis soit réservée aux seuls Noirs ; l'organisation opposait un racisme « noir » au racisme « blanc ». À sa sortie de prison, Malcolm devint un ministre de Nation of Islam, puis le porte-parole de son dirigeant, Elijah Muhammad. Il choisit « X » pour pseudo, afin de symboliser son nom réel, celui de ses ancêtres africains, définitivement perdu au moment de leur déportation comme esclaves en Amérique.

Malcolm X était très apprécié des médias pour sa façon de dire sans détour ce qu'il pensait. Il dirigea plusieurs manifestations d'Afro-Américains contre les mauvais traitements que la police leur infligeait. Mais Malcolm X découvrit qu'Elijah Muhammad entretenait des relations sexuelles extraconjugales, malgré l'interdit formel de Nation of Islam. Cela l'éloigna de l'organisation. Il fut finalement écarté de sa direction à la suite des déclarations qu'il fit au sujet de l'assassinat de John Kennedy, le 22 novembre 1963, affirmant notamment que le président « avait récolté ce qu'il avait semé ». Muhammad jugea ces propos inacceptables et le contraignit au silence.

Mais Malcolm X avait lui-même déjà décidé de quitter Nation of Islam et de former sa propre organisation religieuse, ainsi qu'une organisation politique. C'est à ce travail qu'il consacra les deux dernières années de sa vie, multipliant les discours, plusieurs par jour, et sortant de l'ornière du racisme anti-Blancs.

Malcolm X jugea que les Blancs pauvres avaient beaucoup de points communs avec les Noirs, et que la question de la « race » n'était pas la seule à avoir de l'importance. Son discours devint anti-impérialiste (contre la politique étrangère agressive des États-Unis) et de plus en plus politique. Il prédisait un affrontement inéluctable entre les « races » ou entre les différents groupes ethniques si l'État ne prenait pas en considération la situation de misère dans laquelle vivait une partie de la population nord-américaine.

Contrairement à Martin Luther King, il ne croyait pas à la mobilisation non violente et pensait qu'il était inutile de demander des réformes au gouvernement. Selon lui, le vote ne suffisait pas et il fallait se défendre et obtenir l'égalité « par tous les moyens nécessaires », y compris la violence.

Il fut assassiné le 21 février 1965, lors d'une réunion publique, par trois membres de Nation of Islam. Il est possible que cet assassinat ait été « manipulé », à la fois par l'organisation qu'il avait quittée et par le FBI, qui craignaient la portée subversive des discours de Malcolm X. Quoi qu'il en soit, son influence politique fut décisive sur les Black Panthers, un groupe politique radical d'autodéfense des Noirs, dont l'un des slogans emblématiques était : *Black is beautiful.* ¶

Le 15 février 1965, quelques jours avant son assassinat, Malcolm X échappe à un attentat dans la maison qu'il occupait avec sa famille. © Rue des Archives/BCA

Xénophobie

156 L'origine étymologique du terme « xénophobe » est très claire : elle vient de deux termes grecs, *xenos*, l'« étranger », et *phobos*, la « peur ». La xénophobie est donc, au sens littéral, une peur irraisonnée de l'Autre. Dans le sens courant, la xénophobie se caractérise par des sentiments de crainte, d'hostilité, voire de haine et de violence à l'encontre des étrangers.

→ **Renvois :** *alien*, antisémitisme, discrimination, « race » humaine, ségrégation raciale.

→ **À lire :** ▲ *Racisme et xénophobie en Europe*, PHILIPPE BATAILLE, MICHEL WIEVIORKA (La Découverte, 1994) ▲ *Racisme et xénophobie*, MARGARITA SANCHEZ-MAZAS (PUF, 2004).

→ **À voir :** ● *Man On Ground*, AKIN OMOTOSO (2011).

Si l'on s'en tient à une définition générale de la xénophobie, soit un sentiment de rejet et/ou d'animosité à l'encontre des étrangers ou de tout ce qui vient de l'étranger, on peut assez facilement faire l'amalgame entre la « xénophobie » et le « racisme », et considérer que ces deux termes sont synonymes. Pour autant, la xénophobie diffère du racisme en ce sens qu'elle oppose, voire confronte plusieurs groupes humains, tandis que le racisme contient l'idée de supériorité d'un groupe par rapport à un autre, notamment sur des critères d'apparence physique, tels que la couleur de la peau, les traits du visage... Si le racisme peut parfois se manifester de façon comparable à la xénophobie, il est avant tout une idéologie et une doctrine politiques, avec comme base l'idée de la supériorité d'une « race » sur une autre « race » (ce qui n'a aucun sens puisque la notion de « races » humaines est impropre et que seule existe l'espèce humaine).

Il est fréquent que les sentiments xénophobes réapparaissent lors des périodes de crise économique. À titre d'exemple, en 2012, la Grèce, en proie à un effondrement de son économie, a vu la montée de violents mouvements xénophobes à l'encontre de la population émigrée originaire d'Afrique. Les peurs et les craintes des populations des pays d'accueil trouvent alors un bouc émissaire, un exutoire dans l'« étranger », « celui qui vient d'ailleurs, qui n'est pas comme nous et qui vient prendre notre travail ». Sur un plan plus général, les mouvements migratoires et la mondialisation, avec l'ouverture des frontières et l'internationalisation du travail, ont provoqué la résurgence des mouvements xénophobes, notamment à la fin du XXe siècle et au début du XXIe siècle. ¶

Y'a bon Banania

158 Banania, qui commercialise une boisson chocolatée mélangée à de la farine de banane, des céréales et du sucre, est l'une des marques françaises les plus célèbres et, pour beaucoup, elle fait partie du patrimoine de l'Hexagone.

→ **Renvois :** colonisation / décolonisation, discrimination, préjugés.

→ **À lire :** ■ *Banania, histoire d'une passion française*, JEAN GARRIGUES (Éditions Du May, 1991) ■ *Les Cent Plus Belles Images de Banania*, DANIEL BORDET (Dabecom, 2004).

Pourtant, son célèbre visuel du « bon Noir souriant » et son slogan « Y'a bon Banania », qui ont participé au succès de la marque pendant pratiquement un siècle, ont disparu depuis 2011. La justice française a en effet estimé, après avoir été saisie par le Mouvement contre le racisme et pour l'amitié entre les peuples (MRAP), que le logo véhiculait une image péjorative, dégradante et raciste des personnes de couleur noire. Déjà, dans les années 1970, le visuel apposé sur les boîtes Banania avait été critiqué comme porteur de stéréotypes racistes (« le gentil Noir, un peu niais, incapable de s'exprimer correctement dans la langue de Molière ») et symbole du colonialisme.

La marque Banania est née en 1914, au début de la Première Guerre mondiale. L'armée française est alors composée, entre autres, de 200 000 tirailleurs sénégalais, un corps de militaires appartenant à l'armée de l'empire colonial français. Ces soldats, très populaires pour leur ardeur aux combats, constituent en grande majorité la « force noire ». C'est ce qui aurait incité la marque Banania a en faire son emblème : dorénavant, un tirailleur sénégalais tout sourire, avec son fez (coiffe) rouge sur la tête, figurera sur chaque paquet avec l'exclamation : « Y'a bon Banania ! » Quatorze wagons de train remplis de Banania seront envoyés aux soldats sur le front pour leur donner « force et vigueur » dans les tranchées !

Si cette marque s'est longtemps présentée comme un témoin de l'histoire à travers son tirailleur sénégalais, il n'en demeure pas moins que l'image caricaturale du « bon Noir », même si elle doit être remise dans le contexte de l'époque, a véhiculé des préjugés racistes. Aujourd'hui, « L'ami y'a bon » a disparu et ce n'est pas plus mal. ¶

Zoos humains

160 « Cannibales australiens mâles et femelles. La seule et unique colonie de cette race sauvage, étrange, défigurée et la plus brutale jamais attirée de l'intérieur des contrées sauvages. Le plus bas ordre de l'humanité. » Tels étaient les mots inscrits sur les affiches ou pancartes que l'on pouvait lire au sujet d'Aborigènes exhibés en cage dans différents zoos à Paris, Londres ou Berlin à la fin du XIXe siècle.

→ **Renvois :** colonisation/décolonisation, discrimination, préjugés, ségrégation raciale, Vénus hottentote.

→ À lire : • *Zoos humains. Au temps des exhibitions humaines*, NICOLAS BANCEL, PASCAL BLANCHARD, GILLES BOËTSCH, ÉRIC DEROO, SANDRINE LEMAIRE (La Découverte, 2004)
• *Cannibale*, DIDIER DAENINCKX (Gallimard, 2000).

→ À voir : ▪ *La Monstrueuse Parade*, TOD BROWNING (1932)
▪ *Elephant Man*, DAVID LYNCH (1980, DVD).

À cette époque, c'est donc derrière une grille que la grande majorité des Occidentaux avaient leurs premiers contacts avec des populations non européennes. Ces « pensionnaires exotiques » du zoo étaient alors parqués au milieu des lions, singes et girafes. Devant les grilles, des panneaux indiquaient différentes informations : leur pays d'origine, le climat de leur zone géographique et leurs habitudes alimentaires. Il était également spécifié de ne pas leur donner d'aliments ni de friandises car ils étaient nourris par les agents du zoo.

Ce phénomène, que l'on a qualifié tardivement de « zoos humains », s'est développé à partir de la seconde moitié du XIXe siècle. En 1874, à Hambourg en Allemagne, un revendeur d'animaux sauvages proposa une première « attraction » en exhibant des Samoa (peuple de la Polynésie) et des Lapons (peuple d'une zone située au nord de la Suède, de la Norvège, de la Finlande et de la Russie), présentés comme des « populations purement naturelles ». Puis, en 1876, il exposa en même temps des animaux sauvages d'Afrique et des Nubiens (peuple du nord du Soudan et du sud de l'Égypte). Ces exhibitions devinrent alors très populaires et elles furent organisées dans toutes les grandes capitales. Pendant plus de soixante ans, les « zoos humains » drainèrent des millions de visiteurs, et plus de 30 000 « indigènes » furent ainsi « donnés à voir aux différents publics ». En France, les exhibitions d'êtres humains se déroulèrent au Jardin d'acclimatation de Paris à partir de 1877 et jusqu'en 1931, avec l'exposition d'un village kanak (Nouvelle-Calédonie). Elles étaient présentées sous le nom d'« expositions ethnographiques » et étaient bien souvent cautionnées par des scientifiques pour mieux valider une certaine idée de la hiérarchisation des « races ».

Si le phénomène des « zoos humains » a disparu à la fin des années 1930, des tentatives ont resurgi il n'y a pas si longtemps. Ainsi, au début des années 2000, en Belgique, deux exhibitions ont été organisées, l'une autour d'un « village massai », l'autre avec des Pygmées. Enfin, en 2005, le zoo municipal de la ville d'Augsburg en Allemagne a créé un espace intitulé « African Village ». Alors que de grands quotidiens allemands protestaient contre cette initiative, la directrice du zoo s'est déclarée très fière d'avoir pu contribuer à mieux faire connaître le mode de vie des Africains auprès des visiteurs.

162 **Le phénomène des « zoos humains » a sévi plus particulièrement dans les pays qui étaient à la tête d'empires coloniaux**, dont la France. C'était une façon pour les Européens de montrer l'importance et la toute-puissance de l'empire. Et, sous couvert de la science qui postulait que les « races » n'étaient pas égales, et plus encore que la « race blanche » était la « race » supérieure, les « zoos humains » ont durablement renforcé la mécanique d'infériorisation des non-Blancs. Car, dans le processus d'exhibition, il y a un rapport de force entre celui qui exhibe et qui donc regarde, et celui qui est exhibé et qui est donc regardé. Le dernier est alors un être bizarre, étrange, qui perd son humanité. Il est devenu une chose. En allant au zoo, les visiteurs pouvaient se convaincre de la supériorité de la « race civilisée », la leur, sur les « races primitives ou animales », exhibées dans les enclos. ¶

Dessin réalisé par le caricaturiste canadien Guy Badeaux (Bado) pour la campagne 2007 de la semaine d'actions contre le racisme à Montréal. Blog de Bado : badoleblog.blogspot.fr/

Index

Conception graphique : Pépito Lopez
ISBN : 978-2-74-851338-7

Dépôt légal : mars 2013
Loi n°49.956 du 16 juillet 1949
sur les publications destinées à la jeunesse,
modifiée par la loi n°2011-525 du 17 mai 2011.
N° d'éditeur : 10206071
Imprimé par Loire Offset Titoulet en avril 2014

MIXTE
Papier issu de
sources responsables
FSC® C022030
FSC
www.fsc.org